I0829944

SOFT SKILLS VISUALES

DIAGRAMAS PARA MEJORAR TUS CAPACIDADES DE UNA MANERA INMEDIATA

Antoni J. Sapina Grau

ÍNDICE

INTRODUCCIÓN

Las *soft skills* son habilidades intangibles y difíciles de cuantificar, como el liderazgo, la comunicación y el pensamiento analítico. Estas habilidades son cruciales para mejorar los vínculos entre personas y conseguir el máximo rendimiento en cualquier situación.

Transmitir y aprender estas cualidades es complicado. La información es fácil de olvidar cuando tan solo se expresa a través de palabras.

Sin embargo, al utilizar diagramas, estos problemas desaparecen. Si ves las ideas dibujadas, no solo podrás procesar la información más fácilmente, sino que además lo harás con más rapidez.

Los diagramas se utilizan tanto para entender información como para poder transmitirla y así captar la atención de tus oyentes.

En este libro encontrarás una colección de los mejores conceptos para la automejora personal y profesional. Una serie de diagramas con los que adquirirás y mejoraras tus soft skills.

Construye relaciones, gana visibilidad y crea más oportunidades de una manera rápida y amena con dibujos.

Sin lugar a duda, una larga lista de beneficiosos esquemas para empezar a utilizar ahora mismo.

MATRIZ

La matriz se utiliza para representar la conexión entre ideas/problemas/conceptos mediante una tabla. En cada intersección de filas (A-B) y columnas (1-2) se establece la relación entre los distintos elementos (1A, 1B, 2A, 2B).

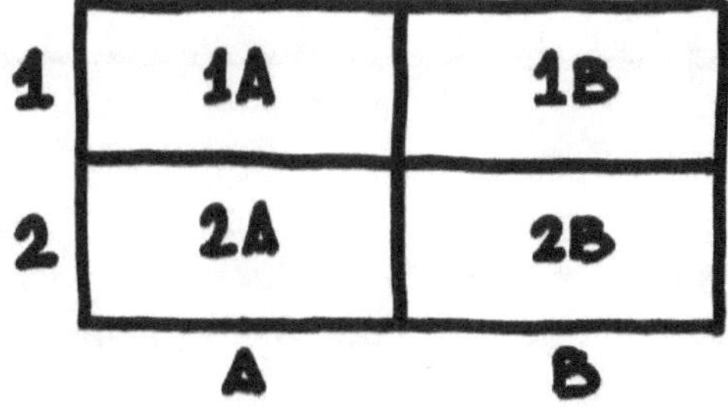

ANÁLISIS DAFO/FODA (01)

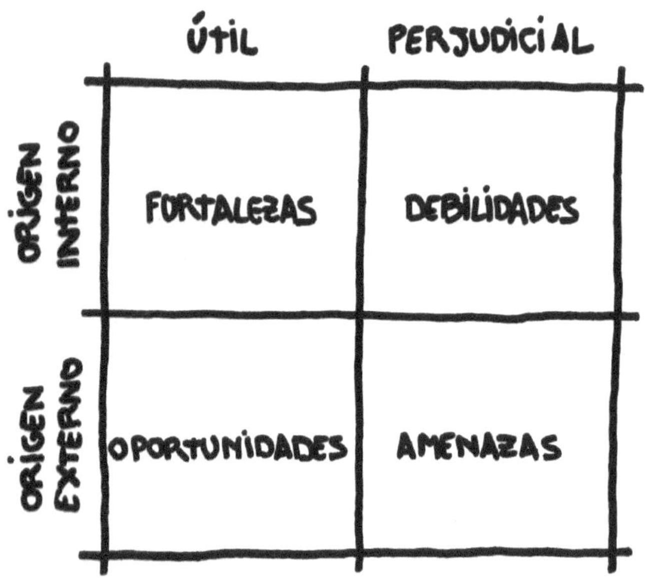

- Esta matriz te permite analizar cualquier tipo de proyecto, negocio, situación o persona (en este caso, vamos a llamarlo *idea*).
- Utilízala para hacer un análisis real y preparar una estrategia de futuro.

El área de fortalezas es donde se encuentran todos los atributos y beneficios que tiene tu idea; aquellas particularidades que la hacen estar por encima de otras opciones disponibles.

La casilla de debilidades es para resaltar aquellas características que sean un impedimento para el desarrollo de la idea.

Las oportunidades son factores externos atractivos y positivos para que la idea prospere.

Las amenazas deben abarcar todo lo perjudicial que se encuentra alrededor de la idea que pueda afectarla negativamente.

PONLO EN PRÁCTICA

Centra el objetivo. ¿Qué quieres analizar?

Dibuja en un papel una matriz dejando vacío el interior de las celdas.

Rellena las celdas con base en tu análisis siguiendo la descripción anterior.

Léelo y obtén un concepto objetivo y más claro de qué hacer sobre esa idea.

LA CAJA DE EISENHOWER (02)

- Esta caja te permitirá organizar tus tareas y así priorizar y tomar decisiones fácilmente. El objetivo es obtener mejores resultados, más tiempo libre y menos estrés.
- La caja muestra cómo clasificar las tareas en cuatro grupos.

Las tareas urgentes e importantes son aquellas que tienes que hacer de inmediato.

Las importantes, pero no urgentes, son tareas que puedes hacer más adelante. Simplemente planea y piensa cómo las harás y qué necesitarás para ello.

Si son tareas urgentes, pero no importantes, delégalas a alguien. Estas tareas tienen que cerrarse cuanto antes. Al tener menos importancia, puedes permitirte que las haga otra persona y solo supervisarlas.

Por último, aquellas tareas que no son urgentes ni importantes, elimínalas. No sacarás beneficio de ellas y además te quitaran un valioso tiempo para las otras tareas.

PONLO EN PRÁCTICA

Dibuja el diagrama y escribe al lado todas las tareas que tienes que hacer hoy.

Reescríbelas una a una dentro de cada cuadrante del diagrama según la importancia y la urgencia que tengan (hazlo de la manera más objetiva posible).

Una vez las tengas escritas, actúa: hazlas, planéalas, delégalas o elimínalas según donde estén colocadas en el diagrama.

EL COMPORTAMIENTO HUMANO (03)

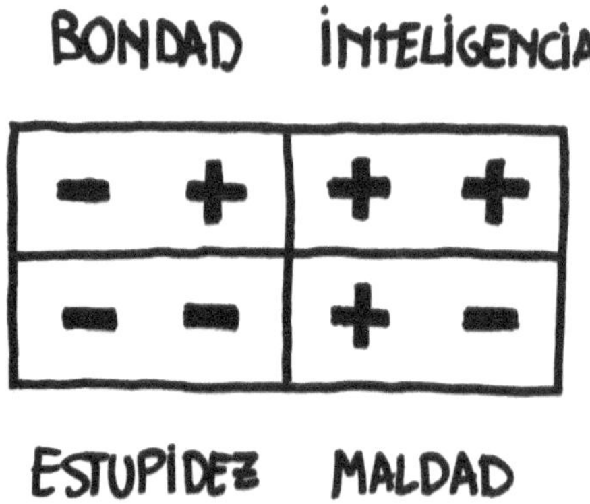

- Este diagrama expresa los cuatro perfiles que podemos encontrar en la gente (y en nosotros mismos).
- Todos tenemos un poco de cada perfil, aunque suele dominar uno.
- El signo [+] es para indicar beneficio y el signo [–] para indicar efecto negativo.

Combinando los dos signos, el esquema divide los perfiles en cuatro posibilidades.

Dentro de cada casilla se encuentran dos signos. El de la izquierda se refiere al efecto que tiene la persona sobre sí misma. El de la derecha se refiere al efecto que tiene esa persona en las demás.

Bondad: la persona se perjudica a sí misma, pero beneficia a los demás.

Inteligencia: la persona actúa en beneficio de sí misma y de los demás.

Estupidez: la persona perjudica a los demás y a sí misma al mismo tiempo.

Maldad: la persona perjudica a los demás y saca beneficio para sí misma.

PONLO EN PRÁCTICA

Piensa en actividades que hayas hecho donde se hayan visto perjudicados o beneficiados los demás y ubícalas en el diagrama.

Analiza lo que te motivó en cada una de tus acciones. ¿Valieron la pena?, ¿las repetirías de igual manera?, ¿sentiste que te beneficiaste o fue perjudicial para ti?

Al finalizar este análisis, responde:

¿Cuál de los cuatro perfiles es el que domina en ti según tus acciones?

LA MATRIZ HOW-NOW-WOW (04)

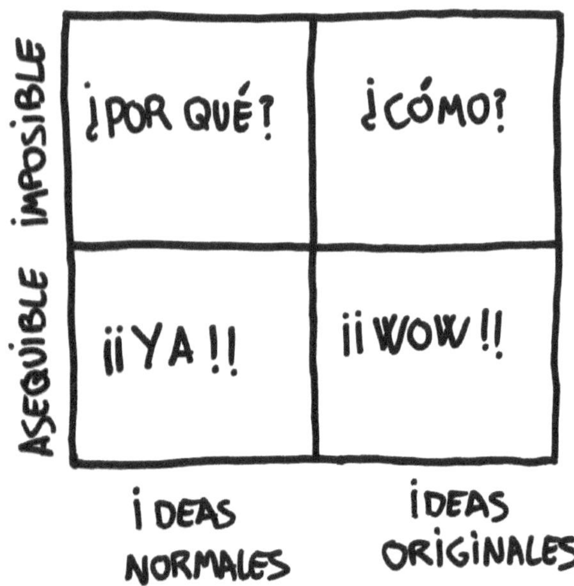

- La matriz analiza las ideas y sopesa su validez. El objetivo es generar ideas creativas.
- El diagrama consta de cuatro cuadrantes. El eje horizontal denota la originalidad de la idea y el eje vertical muestra la facilidad de implementación que tiene.

El cuadrante «¿Por qué?» es para ideas normales pero imposibles. Estas ideas hay que descartarlas o transformarlas para moverlas a los otros cuadrantes.

En el cuadrante «¿Cómo?» se sitúan las ideas, sueños y metas del futuro. Aquellas que están en fase muy conceptual, pero que están listas para empezar en el mañana.

El cuadrante «¡Ya!» es para las ideas que tienen un bajo riesgo asumible. Ideas fáciles de llevar a cabo porque existen varios casos previos o una alta seguridad en su desarrollo.

El cuadrante «¡Wow!» lo forman todas aquellas ideas innovadoras, rompedoras, que pueden ser implementadas fácilmente ahora mismo. Un cuadrante muy interesante y con un gran beneficio posible.

PONLO EN PRÁCTICA (ver referencias al final del libro)

Dibuja la matriz vacía y anota todas las ideas que tengas. Escríbelas en el cuadrante que corresponda.

Cuando tengas la matriz completa, es momento de:

- Pensar cómo transformar las ideas del «¿Por qué?».
- Crear una estrategia para las ideas del «¿Cómo?».
- Empezar urgentemente las ideas «¡Ya!».
- Centrarse en las ideas «¡Wow!». ¡Mucho potencial!

TIPOS DE ERRORES (05)

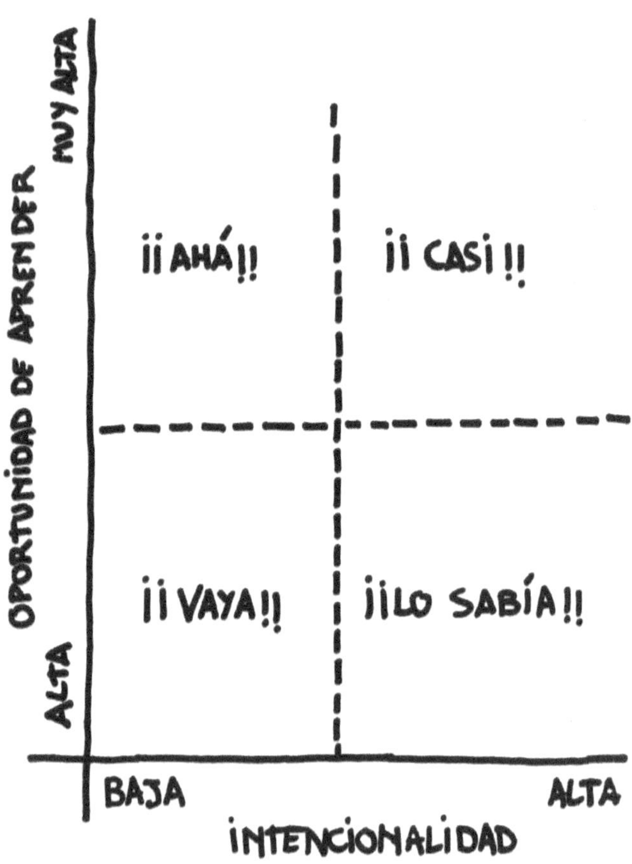

- Esta tabla define los tipos de errores según su intencionalidad y las oportunidades que ofrecen de aprendizaje.

¡¡Casi!!: ocurre cuando se intenta expandir y aumentar las habilidades. El error acontece cuando es necesaria la ayuda externa, pero esta no se pide, sino que se intenta conseguir el objetivo en solitario debido a que la ambición es muy alta.

¡¡Ahá!!: sucede cuando se logra lo planeado, aunque después resulte ser un error haberlo hecho. El problema es la falta de información inicial. Una vez que se ha conseguido el objetivo, la información que faltaba se hace evidente y muestra errores iniciales.

¡¡Vaya!!: el error se da cuando una actividad que se domina se lleva a cabo de manera incorrecta. El principal motivo es la falta de concentración o el descuido por exceso de confianza.

¡¡Lo sabía!!: este error ocurre cuando se es consciente de que el riesgo es muy alto. Cuando tiene lugar, se da más importancia al rendimiento/resultado que al aprendizaje del propio error.

PONLO EN PRÁCTICA

Dibuja el diagrama con los cuadrantes en blanco y escribe cuatro errores que hayas tenido.

Después, analízalos basándote en la descripción de cada tipo de error para saber qué aprender de ellos y el motivo por el que ocurrieron.

LA VENTANA DE JOHARI (06)

- Este diagrama es una herramienta simple pero muy útil para comprender y entrenar la conciencia de uno mismo, el desarrollo personal y mejorar la dinámica de grupo.

El modelo funciona usando cuatro cuadrantes basados en la información que tienes sobre ti mismo y la que tienen los demás.

El área pública es donde se sitúa todo aquello que damos a conocer al mundo; lo conocido por uno mismo y por los demás.

El área oculta comprende toda la información que guardas para ti mismo. Esta información no es compartida con los demás.

En el área ciega se encuentran los rasgos que la gente conoce de ti, pero que tú desconoces.

El área desconocida contiene todo lo que desconocemos de nosotros mismos y que, a su vez, la gente también desconoce; tal vez capacidades escondidas que pueden llegar a explotar hacia límites que nadie esperaba.

PONLO EN PRÁCTICA

Dibuja el diagrama y rellena el área pública y oculta con cosas que sabes sobre ti (fortalezas, debilidades).

Pide a conocidos que escriban comentarios sobre ti en el área ciega y pública (preferentemente la ciega).

Lee los comentarios del área ciega y reflexiona. Con la ayuda de los comentarios de los demás, puedes tomar conciencia de algunos de tus rasgos positivos y negativos para mejorar las áreas públicas y ocultas.

MATRIZ

DIAGRAMA DE VENN

El diagrama de Venn muestra de una manera visual la relación entre varios conceptos diferentes y su punto de unión. El uso de diagramas de Venn permite clasificar los datos en dos o más círculos y sobreponerlos. Cada círculo sigue una característica (A y B), por lo que la parte superpuesta (la intersección AB) sigue ambas reglas de los círculos que lo forman (A y B).

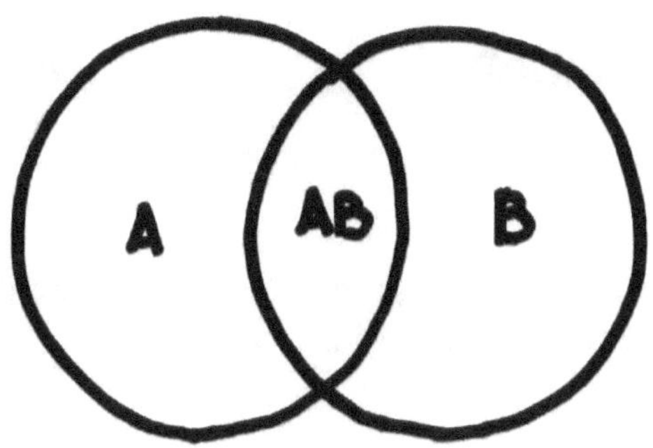

ASUMIR UNA TAREA (07)

- Este diagrama muestra cuál es la actitud ideal para asumir un trabajo.

Cualquier tarea o acción requiere de tres factores: el deseo de llevarla a cabo (voluntad), la capacidad para hacerlo (potencial) y la responsabilidad (sacrificio).

La mejor forma de hacer una tarea es englobarla dentro de estos tres campos a partes iguales.

Si combinas estos tres conceptos en la medida correcta, alcanzarás el trabajo hecho con motivación y superación. Esto te dará una actitud ideal y un resultado óptimo.

PONLO EN PRÁCTICA

Piensa en tareas y actividades de tu día a día. Analízalas según la cantidad de potencial, voluntad o sacrificio que requieran.

Si solo necesitas una o dos opciones para desarrollarlas, anota cómo podrías incentivar los factores restantes.

Escribe las acciones que debes realizar para conseguir que tus tareas contengan un poco de todos los círculos.

TRIÁNGULOS MENTALES (08)

o

28

- Tu mente tiene tres estados posibles: el razonable, el emocional y el sabio.
- Todo el mundo posee cada uno de estos estados, pero la mayoría gravita hacia un lado específico.

La mente razonable es impulsada por la lógica y la mente emocional por los sentimientos. La mente sabia es la unión de las dos.

La mente sabia hace referencia a un equilibrio entre las partes razonable y emocional; es capaz de reconocer y respetar sus sentimientos y responder a ellos de una manera racional.

PONLO EN PRÁCTICA

Piensa en cómo eres y dibújate dentro de los triángulos según tu manera de actuar.

Para hacerlo más fácil, piensa en tres situaciones diferentes y en cómo has respondido a cada una de ellas.

Dependiendo de lo fácil que te haya resultado encontrar los ejemplos, podrás definir cuál es tu lado prioritario.

Cuando tengas claro qué tipo de mente posees, evalúa cómo aportar partes del otro triángulo y así moverte hacia la sabiduría.

IKIGAI (09)

- *Ikigai* es un concepto japonés que significa 'la razón de vivir/ser'.
- La búsqueda de tu ikigai puede ser larga y profunda. Este diagrama te ayudará a encontrarlo.

Tu ikigai se encuentra entre la intersección de lo que se te da bien, lo que amas hacer, aquello por lo que te pagan y lo que el mundo necesita.

Interconectando estos cuatro conceptos se crea tu pasión, vocación, profesión y misión. Es complicado reunir los cuatro componentes, pero no imposible.

Solo puede conseguirse con cambios y reflexión. No es obligatorio hacer grandes cambios externos, sino todo lo contrario; las acciones con mayores efectos para buscar el ikigai son transformaciones en tu interior, no de lo externo.

PONLO EN PRÁCTICA

Hazte las siguientes cuatro preguntas:

1. ¿Qué te gusta hacer?

2. ¿Qué te resulta fácil hacer?

3. ¿Por qué deberías recibir un salario?

4. ¿Qué necesita el mundo de gente como tú?

Combina tus respuestas hasta llegar a una conclusión que las englobe de una misma manera.

CUADRADO PASIVO-AGRESIVO (10)

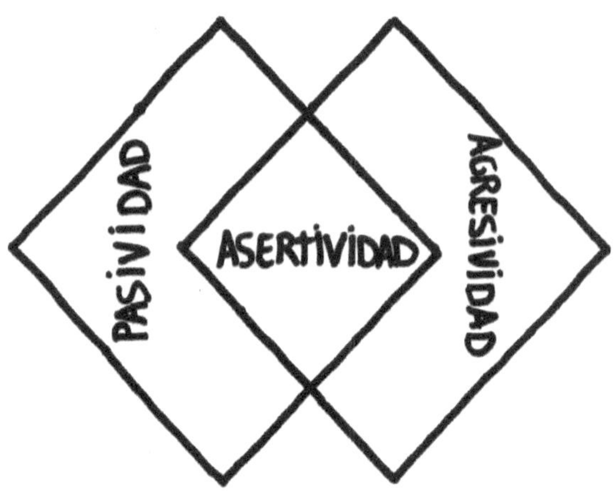

- El diagrama muestra los tres tipos de comportamientos que se pueden identificar ante una situación.
- Existen dos tipos de reacciones comunes: la agresiva y la pasiva. La correcta combinación de ambas genera la reacción asertiva.

El comportamiento agresivo implica hostilidad y provocación hacia los demás. Esta forma de actuar consiste en que la persona no se preocupe por los otros, sino que considere únicamente sus prioridades.

El comportamiento pasivo supone un comportamiento no resistivo, lo que permite a los demás tomar decisiones por ellos. Este comportamiento hace que el sujeto no exprese sus opiniones o necesidades.

Con la correcta combinación de ambas formas de actuar puede crearse una tercera opción: el comportamiento asertivo; este incluye una conducta honesta, directa y segura que no viola los derechos de los demás. Con esta opción, el sujeto considera los derechos del resto sin dejar de expresar sus deseos y opiniones abiertamente. De esta manera se consigue una mejor comprensión.

PONLO EN PRÁCTICA

Dibuja ambos recuadros como en el diagrama. Piensa en las conversaciones o situaciones que has tenido durante el último mes. Marca con una equis dentro de cada área según cómo consideres que fueron tus reacciones (agresivas o pasivas). Al terminar el repaso del mes, observa el resultado. ¿Qué cuadro tiene más equis?

El área que más hayas marcado es tu comportamiento principal. Para moverte hacia la asertividad, has de lograr reacciones y comportamientos del área menos marcada y combinarlos hasta encontrar un balance.

DIAGRAMA DE LA COMUNICACIÓN (11)

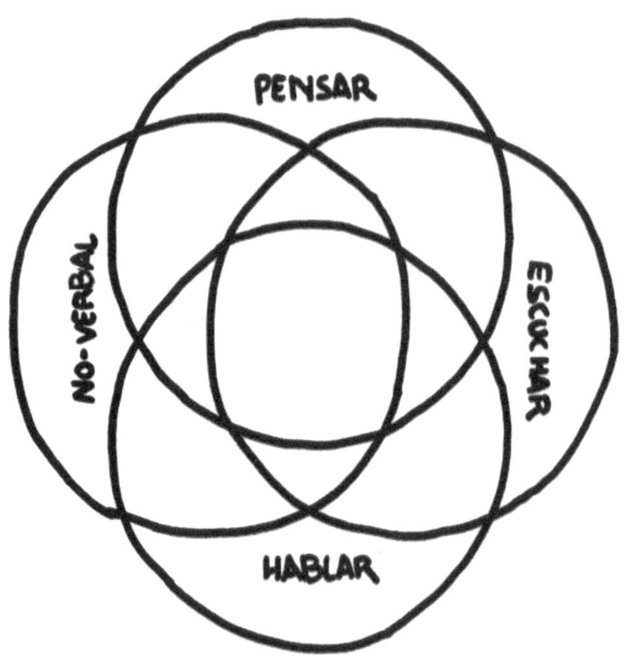

- La comunicación tendrá un papel fundamental en tu desarrollo personal y profesional.
- Este diagrama de Venn muestra las cuatro habilidades para comunicarte y conseguir influenciar al máximo.

Hablar: la interacción directa con palabras. Suele ser la parte en la que la mayoría de la gente se concentra, aunque no por ello es la más efectiva.

Pensar: esta es una comunicación indirecta pero indispensable. Pensar y definir claramente una idea antes de transmitirla es un paso que marca la diferencia para una comunicación eficaz.

Escuchar: absorber conceptos de otras personas y comprenderlos mejorará tu perspectiva personal. Además, se incrementará la comunicación entre la gente con la que interactúes y tú.

No verbal: es aquello que expresamos con el cuerpo y con la actitud. De las cuatro vías, es la que menos atención recibe, pero de las más eficaces con diferencia. Con comunicación no verbal se puede transmitir información muy directa de la manera más sutil.

PONLO EN PRÁCTICA

¿De las cuatro, con qué tipo de comunicación te desenvuelves bien y con cuál mal?

Memoriza el diagrama y piensa en él en tu próxima conversación con alguien.

Piensa mientras interactúas, escucha lo que te dicen, intercambia palabras y decide tu lenguaje no verbal según lo que quieras transmitir.

PLANO CARTESIANO

Un plano cartesiano está definido por dos líneas perpendiculares: el eje horizontal (X) y el eje vertical (Y). Estos ejes dividen el plano en cuatro cuadrantes. Utilizando los ejes y los cuadrantes, se puede especificar la posición de cualquier punto en el plano. La ubicación de un punto viene dada por dos coordenadas, una del eje X y una del eje Y.

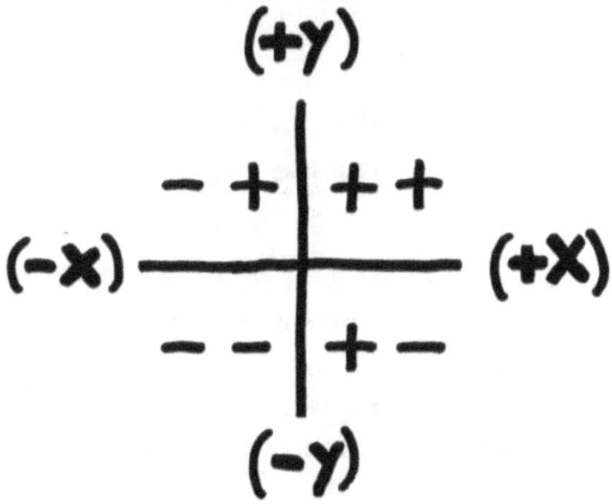

TOMA DE DECISIONES (12)

- Este diagrama es una guía de cómo actuar hacia determinadas cosas, personas o hechos.
- El diagrama se divide en dos ejes que evalúan la necesidad de cada cosa, persona o hecho y la felicidad que puede proporcionarnos.

Si te encuentras con algo que necesitabas y además te hace feliz tenerlo, ¡agradécelo! No des por sentado que tenía que ser así, da las gracias por que haya ocurrido.

Si lo necesitas, pero no te ha hecho feliz, tienes que aceptarlo. Se necesita tiempo para asimilar la información con calma, pero, cuando lo entiendas y lo aceptes, verás que puedes seguir sin problema.

Si no lo necesitas, pero te hace feliz, disfrútalo tanto como puedas. Sean importantes o no, hay que disfrutar de aquellas cosas que nos hacen sentirnos bien.

Si no lo necesitas y no te hace feliz, déjalo ir. Puede que te cueste y que no tengas toda la seguridad para hacerlo, pero a la larga te darás cuenta de que es lo mejor. Seguir sosteniéndolo solo te hará daño en vano.

PONLO EN PRÁCTICA

Dibuja el mismo diagrama escribiendo solo las palabras de los ejes.

Piensa en las dudas que te rondan ahora mismo y marca con una equis la casilla donde las colocarías según la felicidad que te aporte cada cosa o persona y la necesidad que tengas de ella.

Ahora mira el diagrama otra vez, lee la recomendación de dentro de cada cuadrante y haz lo que diga.

EJES DE LA TOLERANCIA (13)

- En este plano cartesiano se reflejan los distintos tipos de conexión que tenemos con las personas y nuestras opiniones sobre ellas.

Para medir la relación que tenemos con las personas, se combinan dos ejes, el horizontal (X) y el vertical (Y). El eje horizontal mide lo bien o mal que nos cae esa persona. En el eje vertical el diagrama muestra lo mucho o poco que coincidimos con su opinión.

Cuando interaccionas con alguien, de forma automática te sitúas en uno de los cuadrantes según cada situación y persona.

PONLO EN PRÁCTICA

El principal secreto de la tolerancia es escuchar las ideas y conceptos de la otra persona sin considerar si te cae bien o mal ni si estás de acuerdo o no.

Cada vez que hables con alguien, imagina que estás en el centro del plano cartesiano.

Si sientes que te dejas llevar por el simple hecho de que tenéis una relación de amistad, significa que estás moviéndote por el eje X. Céntrate en lo que dice, y no en quién lo dice, y vuelve al centro.

Si observas que lo que dice coincide mucho o poco con tus opiniones, es que te mueves por el eje Y. Ve hacia el centro escuchando y comprendiendo sus ideas tanto si son afines como si no con las tuyas.

PANEL DE CRECIMIENTO (14)

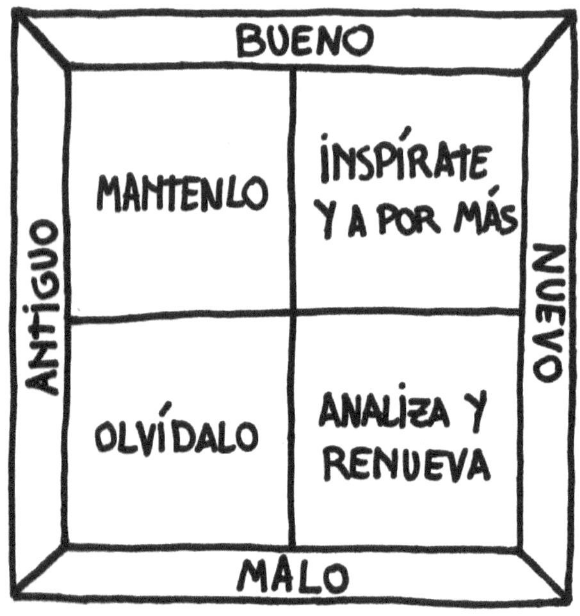

- Este diagrama analiza cada elemento de tu alrededor.
- El objetivo es entender y utilizar el efecto que tu alrededor tiene sobre ti.

El panel de crecimiento está formado por dos ejes principales. El eje de lo bueno y lo malo (vertical) y el eje de lo antiguo y lo nuevo (horizontal).

Este panel categoriza productos, experiencias o relaciones de tu alrededor y sirve como guía para saber qué hacer con ellos.

Si es algo malo y antiguo, olvídalo; no va a beneficiarte. Sin embargo, si se trata de algo antiguo pero beneficioso, hay que mantenerlo. Las cosas que funcionan tienen que mantenerse para tener una base sólida.

Por otro lado, si estás ante una novedad, piensa si el resultado es bueno o malo. Si ofrece un resultado negativo, analiza cuál es la razón y modifícalo para mejorarlo. Si la novedad ofrece beneficio, utilízalo como ejemplo y busca más conceptos similares.

PONLO EN PRÁCTICA

Dibuja los cuatro ejes y escribe donde corresponde: *bueno*, *malo*, *nuevo* y *antiguo*.

¿Qué dudas tienes ahora mismo? ¿Hay algo respecto a lo que no sepas cómo actuar?

Escríbelo en el cuadrante donde crees que lo situarías según su tiempo y los resultados que ofrece.

Mira la palabra que corresponde a ese cuadrante y procede según la información que te proporciona el diagrama.

LAS 4 MOTIVACIONES (15)

- Existen cuatro tipos de motivaciones. Tres de ellas no funcionan a la larga y solo una de ellas puede llegar a ser positiva y sostenible.
- Este diagrama muestra cómo encontrar la mejor motivación.

La motivación es la razón para actuar o comportarse de una manera particular. Puede ser externa (área izquierda) o interna (área derecha).

La motivación externa ocurre cuando alguien te pide que hagas algo por un motivo positivo, como obtener beneficios (dinero). No obstante, esto puede llevar a que justifiques el motivo por el que haces algo sin pensar en lo que realmente sientes al hacerlo. Esto te hará olvidar tu verdadera motivación interior.

También se puede dar el caso de que la motivación externa sea negativa, es decir, que tengas un castigo si no haces algo (coacción). Este tipo de motivaciones hay que identificarlas rápidamente y solucionarlas antes de acostumbrarse a ellas.

Por otro lado, la motivación interna es cuando tú quieres hacer algo y te motivas para ello. Esta es un arma de doble filo, ya que motivarse uno mismo puede resultar contraproducente si se hace por el simple hecho de evitar una consecuencia desagradable.

La mejor opción es la motivación positiva intrínseca. Algo que te haga decir: QUIERO HACERLO.

PONLO EN PRÁCTICA

Piensa en tareas rutinarias que hagas normalmente y colócalas en el gráfico según el tipo de motivación que te lleve a hacerlas. Analiza cómo adaptarlas para que la motivación sea ideal (cuadrante superior derecho).

EL MAPA DE PRODUCTIVIDAD (16)

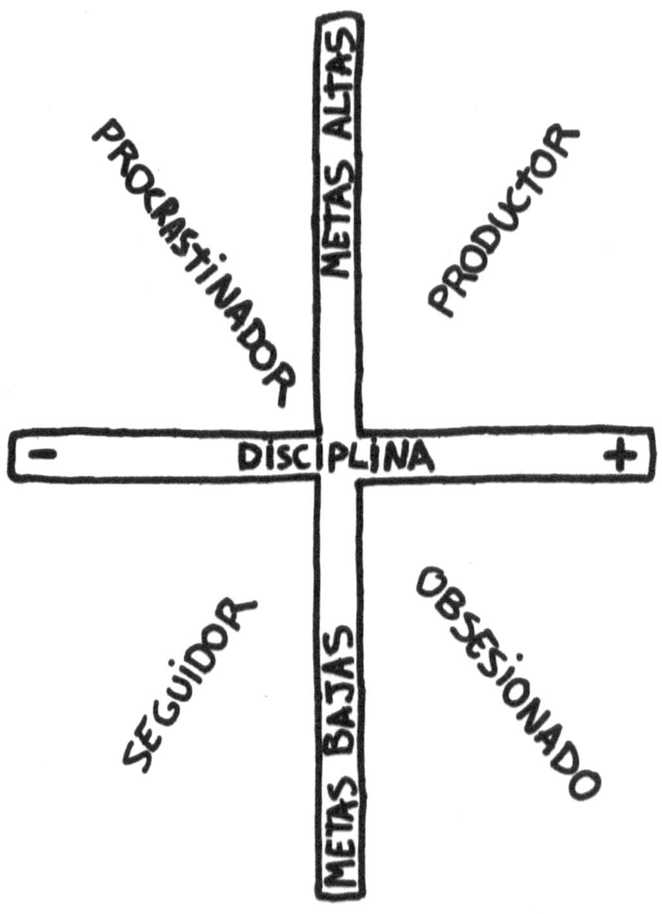

- El mapa muestra cuatro cuadrantes divididos por dos ejes: las metas y la disciplina.
- El fin es identificar los tipos de productividad que ofrecen las personas.

Las metas son aquellos objetivos que motivan e incentivan para avanzar. El eje de disciplina informa de si existe constancia en todas las acciones que se realizan para conseguir las metas.

Existen cuatro tipos de perfiles, dependiendo de la proporción de metas y disciplina en la persona:

Procrastinadores: metas altas + poca rigurosidad. Personas que establecen metas, pero no las consiguen por sus carencias de disciplina.

Productores: metas altas + disciplina. Tienen una combinación perfecta entre ambición y constancia para alcanzar objetivos.

Obsesionados: metas bajas + disciplina. Personas constantes con objetivos bajos. Mucho trabajo, pero pocos resultados.

Seguidores: metas bajas + poca rigurosidad. Baja tenacidad e iniciativa. Son aquellos que necesitan impulsos externos para moverse y actuar.

PONLO EN PRÁCTICA

Pinta los ejes y dibújate en el cuadrante que describa tu rendimiento durante el último mes.

Señala el cuadrante donde te gustaría estar.

Observa qué eje debes modificar para llegar hasta el cuadrante deseado. ¿Cuáles son las acciones y actitudes que te harán cambiar de cuadrante?

PLANO DISC (17)

- Este plano cartesiano es conocido como *disc*. Muestra qué tipos de comportamientos podemos tener según nuestras prioridades mentales.
- El eje horizontal define los caracteres, desde introversión hasta extraversión. El eje vertical define los niveles, desde la razón hasta los sentimientos.

Estos dos ejes delimitan cuatro cuadrantes que muestran los tipos de comportamiento que pueden darse en ti o en cualquier sujeto que analices.

Dominación: se da cuando la persona proyecta los resultados de su propia razón al mundo. La confianza hace que sea tan agresiva como sea necesario para alcanzar sus objetivos.

Influencia: el sujeto dirige su energía a las personas para inspirarlas. Tiene muy buenas relaciones personales con la gente.

Conciencia: persona que tiende a conformarse con las normas. Se analiza todo desde un punto de vista introspectivo.

Estabilidad: la energía del sujeto se dirige hacia el grupo y hacia una idea conjunta. Utiliza la emoción para unirse al grupo, pero desde cierta distancia.

PONLO EN PRÁCTICA

Piensa en aquello que has hecho durante el último mes.

¿Dónde te situarías?

No existe un cuadrante erróneo, simplemente ubícate en uno de ellos para así conocer tu prioridad.

Este mismo ejercicio puedes hacerlo con otras personas para entender el porqué de sus decisiones. Además, conocer sus prioridades te ayudará a saber cómo influenciarlas.

TRIÁNGULO

El triángulo representa tres variables (A, B, C) y su interrelación. El área interior del triángulo aporta una cuarta variable (D) que engloba a las otras tres de una manera equitativa.

TRIÁNGULO DE HIERRO (18)

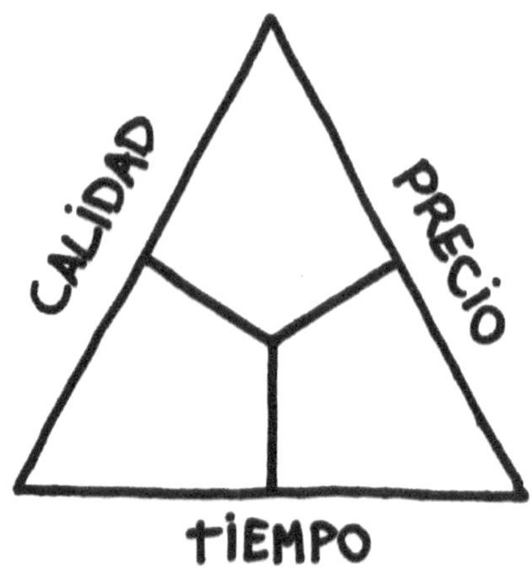

- El triángulo de hierro marca las opciones existentes para un proyecto.
- Todo proyecto está definido por unos requisitos principales establecidos por el cliente.

Este triángulo define el tiempo, la calidad y el precio de un proyecto.

Esto significa que todos los proyectos variarán con base en estos tres factores. Si existe una preferencia más alta que las otras dos, estas tendrán que adaptarse para cumplir con la exigencia principal.

Es decir, si la restricción del proyecto es el precio, la duración y la calidad para conseguirlo se reducirán para adaptarse al precio exigido.

Los tres factores están interrelacionados, por lo que generalmente solo pueden escogerse dos de los tres disponibles:

Rápido + económico = no tendrá calidad.

Buena calidad + económico = no será rápido.

Calidad + rapidez = no será económico.

PONLO EN PRÁCTICA

Cuando te encarguen un proyecto/trabajo, y dependiendo de las exigencias que te hagan, piensa en qué proporción aparece cada uno de estos factores. ¿Tiene que ser rápido?, ¿con calidad máxima?, ¿hay un presupuesto ajustado?

Al aplicar este diagrama, sabrás si tienes suficiente tiempo, si tienes que pedir ayuda o si hay que advertir sobre la calidad del resultado debido a restricciones de tiempo y precio.

TRIÁNGULO DE LA MOTIVACIÓN PROFESIONAL (19)

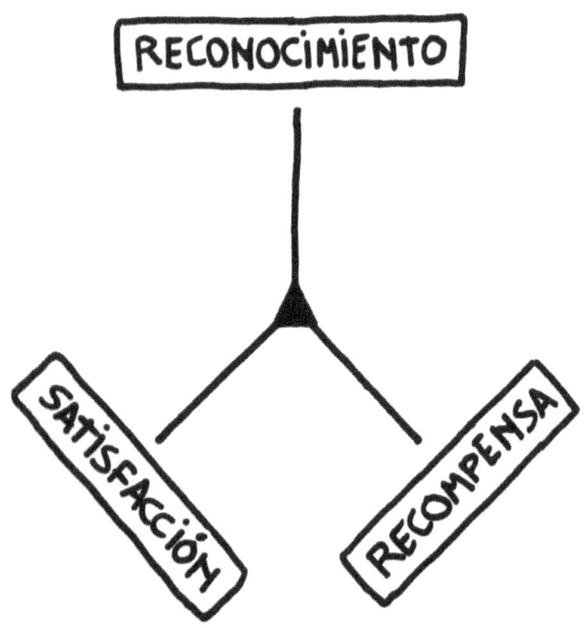

- El triángulo de motivación personal es el diagrama perfecto para evaluar cuál es la motivación que tienes al desempeñar una tarea.
- También puede utilizarse para analizar a un compañero.

El triángulo muestra las tres motivaciones principales para realizar cualquier tarea: reconocimiento (ser ascendido, progresión reconocida), satisfacción personal (interés intelectual y estimulación propia) o recompensa (salario y beneficios).

El trabajo ideal será aquel que te ofrezca las tres opciones de manera proporcional.

PONLO EN PRÁCTICA

Dibuja los tres ejes uniéndose en el centro.

Traza un punto en cada eje según lo que opinas de tu trabajo. Dibuja estos puntos cerca del centro si la motivación en ese eje es baja. Dibuja los puntos lejos del centro si la motivación es alta.

Cuando tengas los tres puntos únelos y observa la forma que tiene el triángulo.

El objetivo es conseguir un triángulo equilátero (tres lados iguales). ¿Qué cambios tendrías que hacer para conseguirlo?

EL TRIÁNGULO COGNITIVO (20)

- Esta herramienta se utiliza para analizar la conciencia y la metacognición (la capacidad de pensar en los propios pensamientos) y aprender de ello.
- El diagrama representa pensamientos, sentimientos y conductas resultantes que muchas veces se sienten fuera de nuestro control.

Los sentimientos, pensamientos y las conductas son tres conceptos vinculados entre sí.

El proceso es el siguiente:

1. Piensas en cosas perturbadoras.

2. Experimentas sentimientos molestos.

3. Notas una influencia negativa que te hace tener actitudes y pensamientos negativos.

4. Tus actos crean más pensamientos perturbadores.

La interrelación entre estos tres conceptos puede ser contraproducente o beneficiosa. Depende de la persona.

PONLO EN PRÁCTICA

Dibuja el diagrama y escribe como título algún evento (cambio de trabajo, terminar una relación, etc.).

✓ Escribe un pensamiento relacionado con el evento.

✓ Escribe un sentimiento que te cree ese pensamiento.

✓ Escribe una acción o comportamiento relacionado con esa sensación.

Compara el pensamiento, el sentimiento y el comportamiento con el evento inicial.

¿Hay algún elemento ilógico? Si la respuesta es afirmativa, cámbialo por otro que te dé una sensación más agradable y aceptable.

Observa el resultado final con las modificaciones y memorízalo para futuras situaciones similares.

LA REGLA 10/10/10 (21)

- El diagrama es tan sencillo de recordar como útil: 10/10/10.
- Las tres cifras sirven para mejorar tus decisiones.

La mente tiende a pensar en el corto plazo. Todos buscamos beneficios rápidos y sensaciones inmediatas. Sin embargo, considerar los beneficios a largo plazo te ayudará a tomar mejores decisiones. Este diagrama te hará pensar de una manera previsora e inteligente.

Cuando tengas una decisión que tomar, piensa en los tres dieces y responde a estas tres preguntas:

1. ¿Cómo me sentiré sobre mi decisión en 10 minutos?

2. ¿Cómo me sentiré sobre mi decisión en 10 meses?

3. ¿Cómo me sentiré sobre mi decisión en 10 años?

De este modo, aportarás más información para resolver el dilema y considerarás más factores. Al disponer de más información, tomarás la decisión idónea.

PONLO EN PRÁCTICA

Si se presenta una decisión importante, imagina el triángulo.

Responde a las tres preguntas y analiza tus respuestas.

Verás cómo la dificultad para tomar la decisión disminuye considerablemente y te será más fácil saber qué hacer.

TRIANGULO

DIBUJO

El dibujo es una forma de expresión gráfica en un plano horizontal. Permite plasmar pensamientos u objetos reales para expresar una idea.

EL BORDE DEL CAMBIO (22)

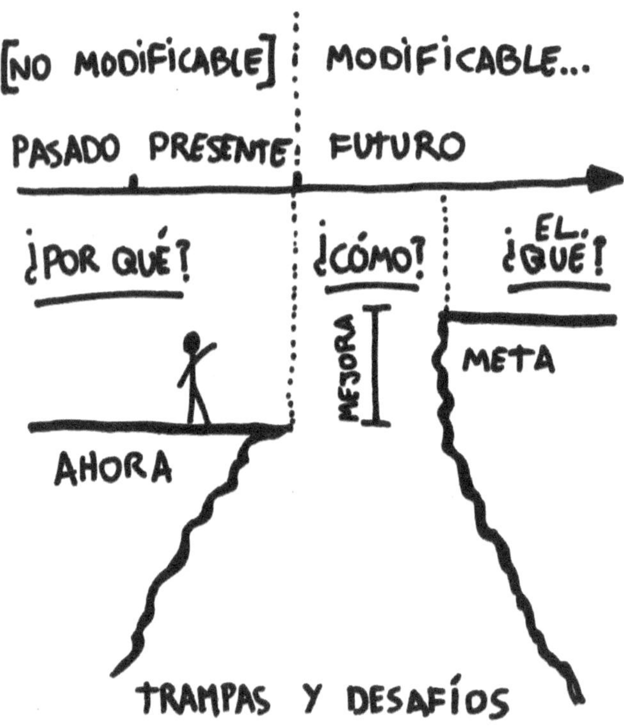

- Este esquema muestra la ruta que tomar hacia un cambio.
- El dibujo permite apreciar y valorar todos los acontecimientos del cambio para conseguir el mayor beneficio posible.

El pasado y el presente no pueden modificarse. Esto hace que el futuro sea el único lugar para el cambio. Cada parte del dibujo tiene un significado concreto:

- Pasado-presente-futuro: el tiempo va siempre en una misma dirección; en el diagrama se muestra este orden de izquierda (pasado) a derecha (futuro).
- ¿Por qué?: motivo por el que se quiere modificar una situación del presente y lograr un estado más favorable.
- Mejora: representa la diferencia entre la situación actual y la que se quiere conseguir.
- ¿Cómo?: método o plan para alcanzar esa meta; representa todos los pasos que seguir para llegar de la situación actual al objetivo.
- Trampas y desafíos: trabas y contratiempos que puede generar el cambio y que hacen que alcanzar la meta sea más difícil.

PONLO EN PRÁCTICA

Dibuja el mismo tipo de diagrama y cambia todas las palabras por ejemplos y conceptos reales que estén relacionados con el cambio que quieres hacer.

Cuando lo termines, tendrás una hoja de ruta que convertirá una idea intangible en un plan tangible.

Llévalo contigo para no olvidar cuál es tu situación actual y cuál es tu objetivo.

EL BAMBÚ (23)

64

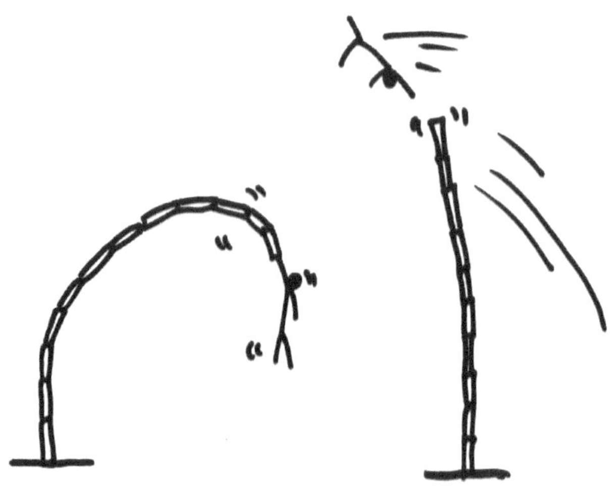

- Memoriza este dibujo.
- Visualízalo cada vez que te enfrentes a un contratiempo.

Piensa que tú eres el bambú y que la persona doblándote es una adversidad que se te presenta.

A simple vista, el bambú parece ser fácil de romper por su delgadez. Sin embargo, es una planta con raíces muy extensas y profundas que le dan una base fuerte. Su gran flexibilidad la hace ser una planta muy resiliente. O lo que es lo mismo, tiene una alta capacidad de volver a su estado inicial después de doblarse.

Al igual que el bambú, tú tendrás muchos momentos de tensiones y contratiempos personales y profesionales.

Tus raíces de conocimiento te mantendrán firme y tu resiliencia hará que te recuperes de cualquier contratiempo. De esta manera, todo lo adverso rebotará y conseguirás más fuerza.

PONLO EN PRÁCTICA

Piensa en una situación traumática/adversa por la que hayas pasado recientemente.

¿Cómo la afrontaste?

¿Qué cambiarías de tu capacidad resolutiva?

Identifícate con el bambú y mantén la imagen en tu cabeza. Imagina cómo el bambú vuelve a su estado vertical después de intentar ser doblado.

¿Cómo actuarías hoy en día en la misma situación si fueras como el bambú?

LA CAJA (24)

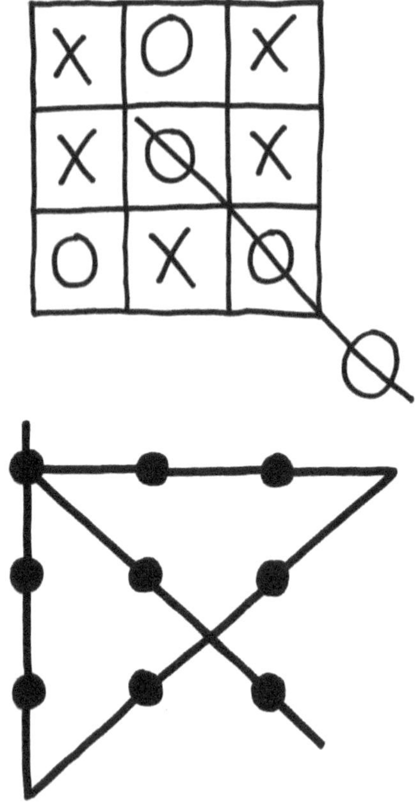

- *Think outside the box...* Una de las frases más repetidas en el mundo profesional.
- Se refiere a pensar de manera libre e innovadora, sin poner filtros o restricciones a la hora de encontrar soluciones.

En el primer dibujo se observa una partida de tres en raya. Al rellenar todas las casillas interiores, parece que no haya más opciones de seguir jugando. Sin embargo, un movimiento extra puede hacerte ganador. Esta nueva opción rompe los patrones establecidos del juego... ¿Quién dice que no se pueda?

El segundo diagrama muestra nueve puntos. El objetivo es unirlos con cuatro líneas rectas sin levantar el bolígrafo del papel. Si te lo planteas de la manera tradicional, verás que no tiene solución. Sin embargo, si miras mas allá, se demuestra que sí se puede.

Estos diagramas enseñan perfectamente el concepto de *pensar fuera de la caja*. Utilízalos para motivarte a pensar de una manera libre y creativa.

PONLO EN PRÁCTICA

Para utilizar esta técnica sigue los siguientes consejos:

- No pienses en un objetivo y en unas reglas.

- No tengas limitaciones a la hora de pensar en lo que se puede o no se puede hacer.

- Encuéntrate con las ideas, no las crees. No establezcas ideas de manera racional.

- No sigas patrones. Imagina que tienes un espacio infinito de opciones para escoger la que tú quieras.

- Piensa en grande.

- Mantén todas las temáticas e ideas posibles.

EL VASO (25)

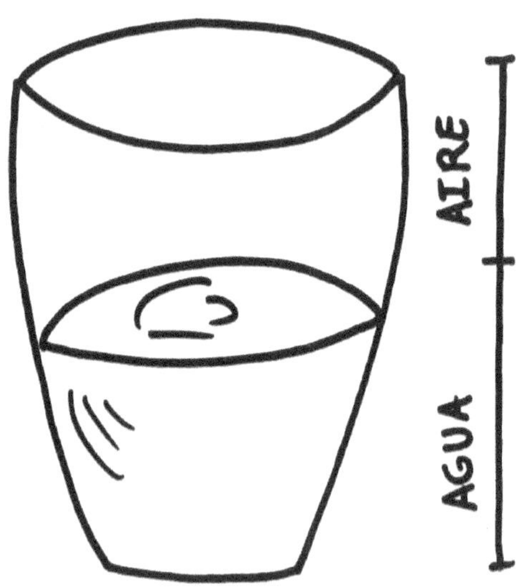

- Este dibujo te servirá en muchas situaciones de alta exigencia.
- ¿Está medio vacío o medio lleno?
- ¿Cuánto crees que pesa?

A la primera pregunta, el optimista diría que el vaso está medio lleno, mientras que un pesimista diría que está medio vacío.

Técnicamente, el vaso está lleno. Una mitad de agua y la otra mitad de aire. Todo depende de la perspectiva. Con perspectiva positiva y libre, podrás ver oportunidades que otros no verán.

La respuesta a la segunda pregunta es que el peso es irrelevante. La clave está en el tiempo que haya que sostenerlo.

Si sostienes el vaso un minuto, no tendrás ningún problema. Sin embargo, si lo sostienes durante un día, se hará una carga inaguantable. Cuanto más sostengas el vaso, más pesado y molesto se vuelve. Lo mismo ocurre con el estrés; si llevas tus cargas todo el tiempo, estas se volverán más y más pesadas.

> ## PONLO EN PRÁCTICA
>
> Queramos o no, todos tenemos que sostener vasos en algún momento, eso es inevitable. Pero depende de nosotros durante cuánto tiempo lo hagamos.
>
> No te acostumbres a llevar cargas durante mucho tiempo. Llévalas hasta que sea necesario; después descansa y déjalas ir.
>
> Si notas una sensación de presión y cansancio emocional, dale forma de vaso, define su forma y su relleno e imagínate soltándolo.

LÍNEA DE ENTREGA (26)

- Estas dos líneas representan los dos tipos de actuaciones que pueden darse antes de una entrega.
- El orden del tiempo se representa de izquierda a derecha.

En el primer caso, la situación empieza con calma. Se sabe cuándo tiene que entregarse el proyecto. Hay relajación porque falta mucho para el plazo de entrega y se invierte el tiempo en otras cosas no relacionadas. A medida que la entrega se aproxima, empiezan el revuelo y las acciones. Por lo general, los finales son muy activos, con mucho estrés y con bastantes fallos por trabajar a contrarreloj.

En el segundo caso, se crea un ambiente muy activo y entusiasta desde el principio. Con movimiento y tensión las tareas son eficientes. A medida que la entrega se aproxima, empieza la calma, ya que las tareas más difíciles están hechas desde el principio. La entrega tiene lugar en un ambiente de tranquilidad gracias al trabajo duro hecho al principio.

PONLO EN PRÁCTICA

Cuando tengas una tarea que entregar, ya sea personal, académica o profesional, imagina los dos dibujos.

Sitúate en la parte izquierda del diagrama y decide en cuál de los dos lados quieres estar.

Para estar en la segunda línea, debes empezar con mucha energía el proyecto y dedicarle todas las horas posibles. Reduce el número de horas en cuanto empieces a terminar tareas. Cuando se aproxime la fecha de entrega, júntalo todo y entrégalo en un ambiente calmado y de tranquilidad.

PIRÁMIDES DEL EGO (27)

72

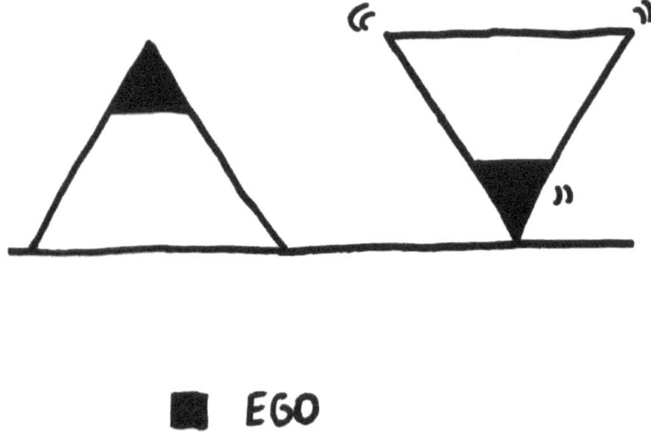

- Este dibujo te ayudará a tener en cuenta tu ego y a aprender a manejarlo.
- La pirámide de la izquierda se encuentra estable; sin embargo, la pirámide de la derecha está tambaleándose y a punto de caer.

El *verdadero ser* es un estado mental sólido y neutral que no considera los factores subjetivos y se centra en la objetividad real. El ego es aquello que nos ciega y prioriza nuestra opinión y amor propio antes que el bienestar.

La pirámide de la izquierda no se tambalea, puesto que está formada por una base saludable del verdadero ser. La cima de la pirámide es el ego, que actúa como límite sin tener influencia en la carga de la pirámide. Esta pirámide le da prioridad a una base sólida y neutral antes que al ego.

La pirámide de la derecha está colocada al revés. El ego es lo primero de todo, por lo que se crea una gran inestabilidad. Esta base inestable hace tambalearse todo lo que se construye sobre ella. Por lo que, por mucho que se incremente el verdadero ser, el ego siempre desestabilizará la pirámide.

PONLO EN PRÁCTICA

¿Qué pirámide es la que más te representa? ¿Tus actos se basan en tu verdadero ser o en tu ego?

Piensa en momentos donde el ego se haya apoderado de la estructura de tu pirámide y la haya hecho tambalearse.

Para analizar mejor las situaciones e ignorar al ego, créate un punto de referencia externo; es decir, observa tus sentimientos como si fueras otra persona. De esta manera podrás diferenciar cuándo actúa el ego y cuándo no, así tu pirámide se mantendrá sólida y estable.

LOCUS DE CONTROL (28)

- El locus de control hace referencia al área de donde viene todo lo que nos ocurre.
- Este diagrama define qué poderes determinan tus resultados, tus acciones y las cosas que te ocurren.

El control de lo que te ocurre tiene dos orígenes posibles: interno o externo. Dependiendo del tipo de persona que seas, tu control tendrá un origen u otro.

Las personas que creen que generan ellas mismas sus éxitos y fracasos, aquellas que controlan su vida y que deciden qué hacer, cuándo hacerlo y de qué manera son aquellas con un locus de control interno.

Las personas que atribuyen éxitos o fracasos a factores externos, que observan y se adaptan a lo que ocurre a su alrededor y que actúan según la influencia exterior son las que tienen un locus de control externo.

PONLO EN PRÁCTICA

¿Dónde te situarías en el diagrama, a la izquierda o a la derecha? ¿Dónde tienes tu locus de control?

Escribe aquello que puedes controlar y lo que crees que está fuera de tu control.

Mejora tu capacidad teniendo en cuenta:

o   Si tienes un locus interno, el alcance de tus actos es más grande de lo que crees; puedes controlar lo que te ocurre de una manera activa.

o   Si tienes un locus externo, no seas tan crítico cuando algo no te salga bien. Piensa que existen factores externos fuera de tu alcance que influyen en los resultados.

ECUACIÓN ABC (29)

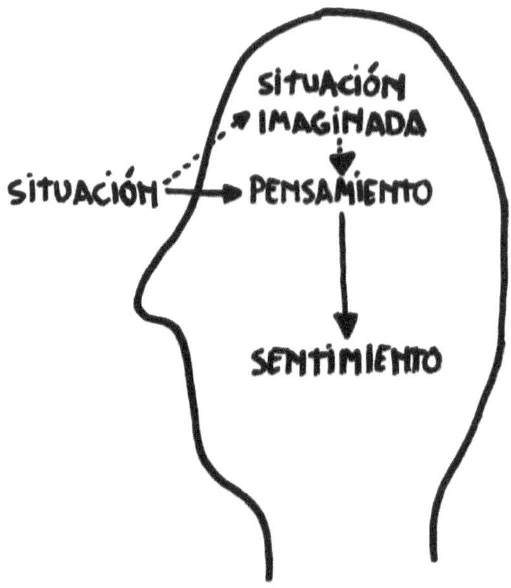

- Los pensamientos causan los sentimientos, no las situaciones.
- Esto significa que, pase lo que pase, depende de ti cómo va a afectarte.

El diagrama se traduce en la siguiente fórmula:

EVENTO (A)+ PENSAMIENTOS (B)= SENTIMIENTOS (C)

A (situación): es una constante.

B (imaginación y pensamientos): es una variable.

C (sentimientos y consecuencias): es un resultado que varía según B.

PONLO EN PRÁCTICA

Dibuja el diagrama y describe en él una situación que te haya afectado mucho personalmente (A).

Dibuja dos columnas en el área de pensamientos (B). En una de ellas, define qué pensamientos tuviste al estar en esa situación. Deja la otra columna en blanco.

Dibuja dos columnas en el área de sentimientos (C); en una de ellas escribe cómo te sentiste en ese momento. Deja la otra columna en blanco.

Vuelve a la columna en blanco de B y escribe qué piensas sobre esa situación en el momento presente.

Escribe en la columna en blanco de C qué sentimientos tienes ahora mismo al recordar esa situación.

Seguramente las columnas de B y C varían entre ellas. El motivo es que B ha cambiado por el tiempo y la perspectiva. Por esto, C es diferente también. Tenlo presente cuando te encuentres en momentos negativos. De ti depende el resultado de la ecuación.

EL CUBO Y LA ESFERA (30)

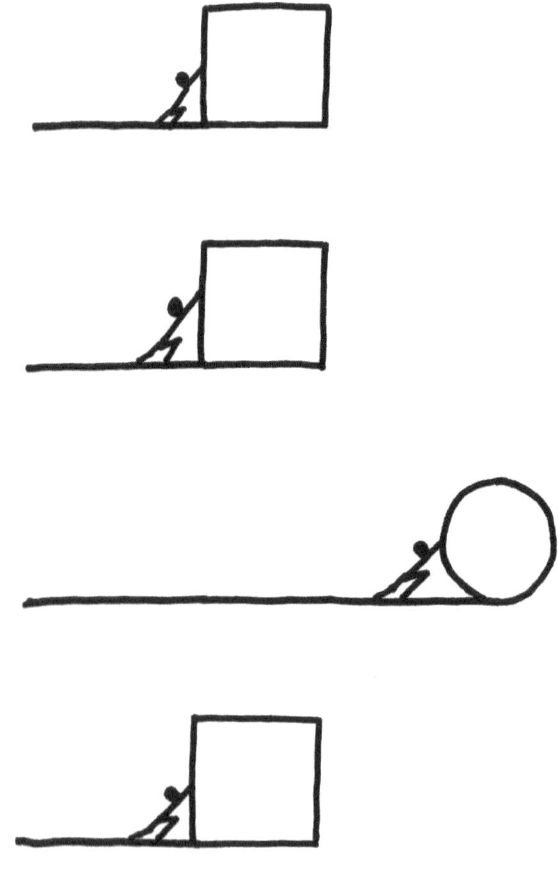

*   Es mejor resolver un problema que trabajar dentro de él.

Hay que ser eficiente y trabajar facilitando las cosas. Cuando tengas un problema con el que notes que ya llevas un tiempo, párate a pensar en este dibujo.

Los problemas son los cubos. Vivir con los problemas se representa empujando cubos; por su geometría, esto es bastante difícil.

Es más fácil empujar una esfera, ¿verdad?

Trabajar con constancia no tiene nada que ver con trabajar con dificultad. Hay que vivir de manera eficiente y óptima, y disfrutar al máximo del día a día. Fácil y favorable, como empujar una esfera.

PONLO EN PRÁCTICA

Piensa en los *cubos* que tienes en tu día a día.

Dibuja tres cubos en un papel y escribe con qué tres cargas los relacionas.

Dibuja tres esferas debajo de cada cubo. Entre cada cubo y cada esfera, escribe aquellas acciones que harían esas cargas más llevaderas y cómo las convertirías en esferas.

Memoriza lo que has escrito y... ¡a rodar!

CÍRCULO DE POSESIONES (31)

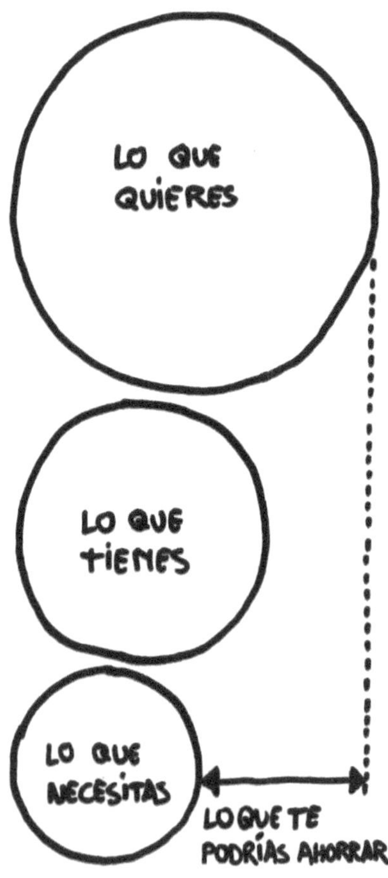

- **Este diagrama borrará cualquier frustración por no poder tener algo material que quieres.**

Cada vez tendemos a comprar más y más. ¿Cuándo fue la última vez que se te rompió algo e intentaste arreglarlo con tus propias manos?

Céntrate en aquello que necesitas y olvídate de los gastos innecesarios. Estar rodeado de la gente que quieres te hará sentir que tienes todo lo importante.

PONLO EN PRÁCTICA

Para eliminar el círculo más grande, piensa todo lo que quieres comprarte y ponlo en una esfera. Piensa en la esfera y responde: ¿Podrías vivir sin ella?

Para el segundo círculo, reduce los objetos de tu día a día. Deshazte de las cosas que no utilices, como ropa o dispositivos electrónicos. Verás cómo la vida sigue. Al principio costará un poco, pero a medio plazo empezarás a notar que tu calidad de vida continúa igual (o mejor) que cuando tenías todos esos elementos.

Finalmente, haz una lista de todas aquellas cosas que pondrías en el último círculo. Léelas. Da gracias por tenerlas y disfrútalas.

LA PERSPECTIVA (32)

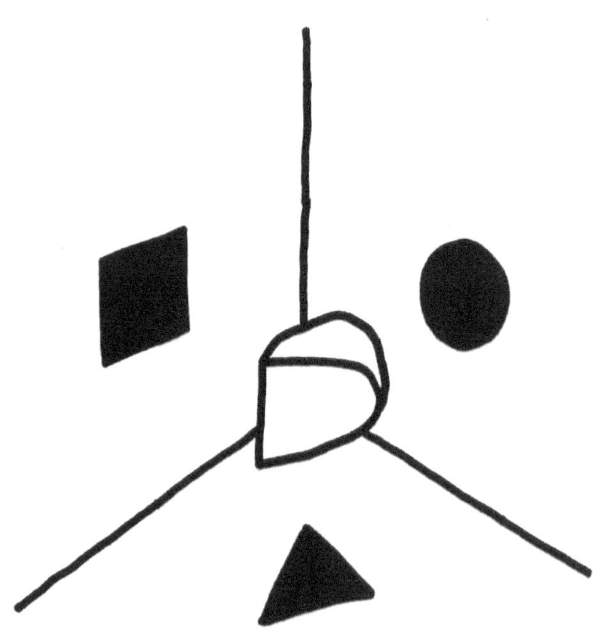

- Existen tantas opiniones como personas. Muchas de estas opiniones serán muy diferentes a las tuyas.
- Dependiendo del lugar desde donde se mire, puede decirse que la figura proyectada es un cuadrado, un círculo o un triángulo. Tres opiniones distintas de un mismo objeto.

A lo largo de tu vida te encontrarás con diferentes opiniones. Con muchas coincidirás, pero en otros casos no podrás ni entender cómo se puede llegar a pensar así.

Recuerda este diagrama, ya que en muchos casos todo es cuestión de perspectiva. Una misma idea puede ser tomada de varias maneras. Se puede defender desde diferentes puntos de vista.

El secreto para lidiar con múltiples ideas es empatizar, considerar otras opiniones y acostumbrarse al intercambio de estas de una manera objetiva.

PONLO EN PRÁCTICA

Cuando alguien esté contradiciéndote, escucha lo que dice y analízalo. Utiliza la empatía y piensa quién es y por qué lo hace.

Intenta entender los motivos tras su argumento para orientar la conversación hasta un punto favorable y beneficioso.

En un intercambio de opiniones no se conseguirá nada diciendo:

– ¡No tienes razón, es un triángulo!

– ¡Estás completamente equivocado, es circular!

– ¡No entiendo cómo no ves que es cuadrado!

Haz todo lo contrario, muestra tus perspectivas y haz que el resto muestren las suyas. Entre todos podréis encontrar qué objeto proyecta las formas.

DIBUJO

DIAGRAMA GEOMÉTRICO

El diagrama geométrico muestra una idea utilizando una o varias formas geométricas combinadas. La idea se expresa con el dibujo para facilitar su aplicación práctica.

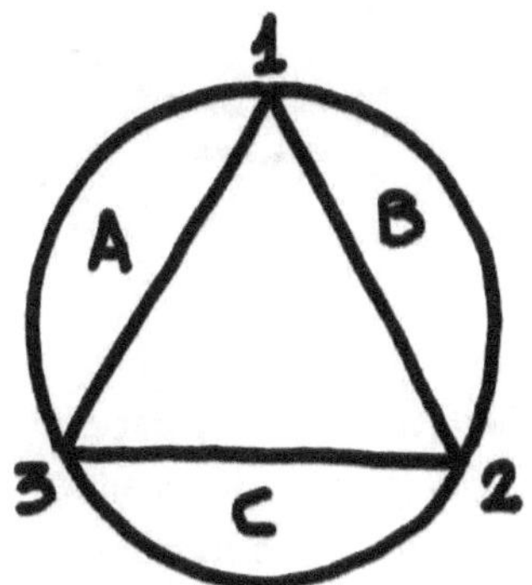

CICLO DE LA MEJORA CONTINUA (33)

- El ciclo muestra cuatro pasos para acelerar el crecimiento personal y de equipo.

- Para liderar dentro de cualquier industria, hay que mejorar continuamente. El diagrama muestra una rueda con cuatro pasos necesarios para aprender algo con éxito. Estos pasos son continuos, por lo que es un ciclo constante.

Fase actitud (A): con ganas y motivación, tu aprendizaje será mucho más rápido y las siguientes etapas serán productivas.

Fase conocimiento (B): infórmate y aprende más sobre una idea. Una vez tengas una idea básica, expándela, investiga y añade más conceptos relacionados con ella.

Barrera trampa: alerta. No te quedes estancado en el aprendizaje continuo sin poner en práctica lo que sabes. ¡Hay que saltar a la siguiente parte del ciclo!

Fase práctica (C): aplica el conocimiento de manera activa. Aprende de tu alrededor y de expertos para conseguir los mejores hábitos. Usa todos los conocimientos asimilados y observa los resultados.

Fase habilidades (D): practica constantemente hasta crear una habilidad. Utiliza todos los conocimientos aprendidos y las prácticas que has hecho para crear una habilidad útil.

PONLO EN PRÁCTICA

Dibuja el ciclo y a ti dentro del cuadrante de actitud (A).

Piensa qué quieres aprender y escríbelo como título (cualquier cosa, desde un idioma hasta un deporte).

Piensa sobre lo positivo que será desarrollar esa nueva habilidad (A). Investiga sobre la actividad (B), practícala (C) y conviértela en talento (D).

Dibújate dentro del diagrama cada momento que sientas que cambias de fase y así verás tu progresión.

BALANCE TRIANGULAR (34)

- Este diagrama muestra la unión del cuerpo, el espíritu y la mente creando el balance de salud.
- Piensa en el concepto de *saludable*. Seguramente te vendrá a la mente comida y ejercicio. Sin embargo, la buena salud abarca más conceptos, no solo físicos.

Mente, cuerpo y espíritu están interconectados y se afectan en gran medida. Es importante mantener un equilibrio. El motivo es que estas tres partes son la influencia principal de tus soft skills, por lo que hay que cuidar la *causa* para mejorar la *consecuencia*.

Si una de las partes es menor que las otras o inexistente, el triángulo se rompe. Memorizar esta unión es importante para no olvidar que tienes que cuidarte en varias áreas, no solo la física.

PONLO EN PRÁCTICA

Dibuja el diagrama sin el balance.

Cuando tengas las tres partes dibujadas, hay que marcar puntos dentro de cada una de ellas. Cada punto tiene que representar una actividad que hayas realizado esta semana. Es decir, si has ido a correr, añade un punto dentro del área «Cuerpo»; si has meditado, añade un punto al área «Espíritu», etc.

Cuando hayas terminado, observa el diagrama y comprueba qué parte tiene más puntos y cuál menos.

Continúa este ejercicio cada semana hasta conseguir que las tres áreas tengan la misma cantidad de puntos.

Cuando lo consigas, dibuja el último triángulo (balance) y completa el diagrama.

ÁREA DE POTENCIAL (35)

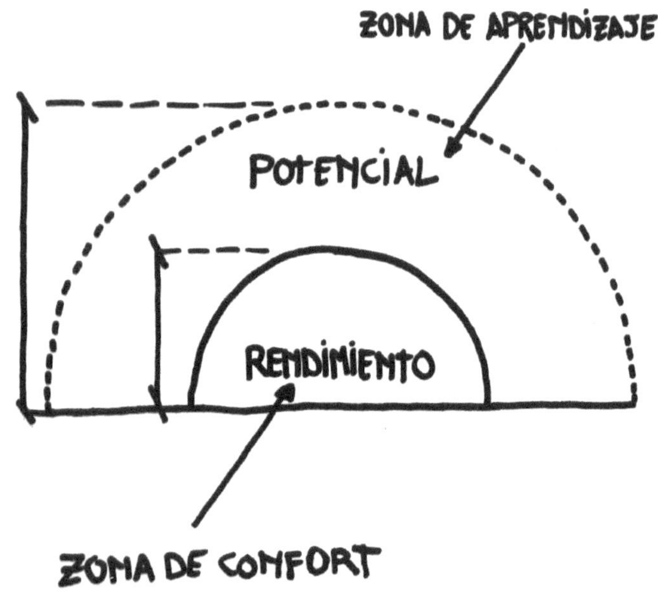

- El diagrama define el alcance que tienes según la zona en la que te encuentres.
- Este diagrama te servirá para tener un mapa mental de tu situación actual y hacia dónde quieres dirigirte.

El primer semicírculo refleja el alcance que se consigue desde la zona de confort.

El radio de este semicírculo es el máximo rendimiento posible en esta zona. Mucha gente se queda en la zona de confort, lo que hace que el radio del círculo no aumente.

Sin embargo, cuando se sale de la zona de confort y se salta a lo desconocido, aparece la zona de aprendizaje. Aquí es donde el potencial de cada persona aumenta.

El área de la zona de aprendizaje es mucho más grande que el área de la zona de confort. El radio que abarca es mayor, por lo que lo que puedes conseguir en esta área es muchísimo más.

PONLO EN PRÁCTICA

Dibuja el primer semicírculo (zona de confort) y a ti dentro de él. Traza una línea vertical que vaya desde la base del semicírculo hasta el borde; esta línea mide el radio de tu rendimiento. Escribe al lado de la línea los objetivos que has conseguido hasta ahora.

Ahora dibuja el semicírculo de potencial y la zona de aprendizaje. A la izquierda, toma la medida de esta área y escribe todos los objetivos que quieres cumplir.

Visualiza el diagrama. Acabas de dibujar dónde te encuentras y tus límites; de ti depende superarlos y aumentar tu potencial.

MAPA DE EMPATÍA (36)

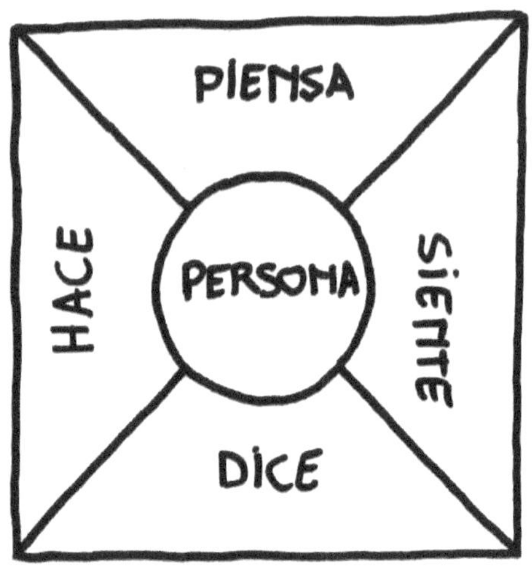

- Un mapa de empatía sirve para conocer y definir a alguien. Permite comprender las necesidades del sujeto y así ayudarlo en la toma de decisiones.
- Se utiliza para el análisis de personas concretas o de clientes.

El diagrama se divide en cuatro cuadrantes: dice, hace, piensa y siente. La parte central es el sujeto que analizar.

Dice: refleja todo lo que el sujeto expresa con palabras; todo lo que transmite a la gente de su alrededor.

Hace: son todos los actos que el sujeto realiza y las reacciones que tiene según las situaciones donde se encuentra.

Piensa: aquellas opiniones que tiene el sujeto, cuáles son sus inquietudes y pensamientos.

Siente: son los sentimientos y emociones que tiene el sujeto.

PONLO EN PRÁCTICA

Escoge a una persona o un grupo social que quieras analizar (sujeto). Dibuja el diagrama en grande, con todas sus partes bien diferenciadas y con el nombre del sujeto en el centro.

Medita y responde sobre qué piensa, siente, dice y hace el sujeto.

Añade debajo del diagrama los esfuerzos que debe hacer (miedos y obstáculos) y los resultados esperados (deseos y necesidades).

Completa cada cuadrante con la máxima información posible. Una vez finalizado, el diagrama te mostrará todas las características de esta persona.

LÍNEA DEL SUEÑO Y LA META (37)

- Esta línea te sitúa en el punto inicial para acceder a dos lugares: sueños o metas.

En el centro del diagrama estarían las imágenes de lo que se quiere alcanzar. Cuando pensamos en algo que queremos, hay dos maneras de actuar al respecto.

La primera es pensar en aquello que queremos cumplir y situaciones que alcanzar, pero no hacer nada al respecto. Todos estos pensamientos quedarán en simples sueños.

La segunda es trazar un plan para alcanzarlos de manera real y viable. El sueño se convierte en meta u objetivo.

Un sueño se plantea solo como un concepto único. Mientras que un objetivo/meta se plantea con dos variables: un plan y una fecha para lograrlo.

PONLO EN PRÁCTICA

Dibuja la línea y sitúate en el centro. Piensa en todos los sueños que tienes y escríbelos en los recuadros de «Sueños».

Empieza a trasladarlos uno a uno al recuadro de «Metas». Para ello, crea un plan y una ruta para alcanzarlos. Continúa haciéndolo hasta que todos ellos estén en el recuadro de metas.

Para crear los planes, lo mejor es utilizar el método SMART (Referencia 37).

ESFERA DEL PROBLEMA (38)

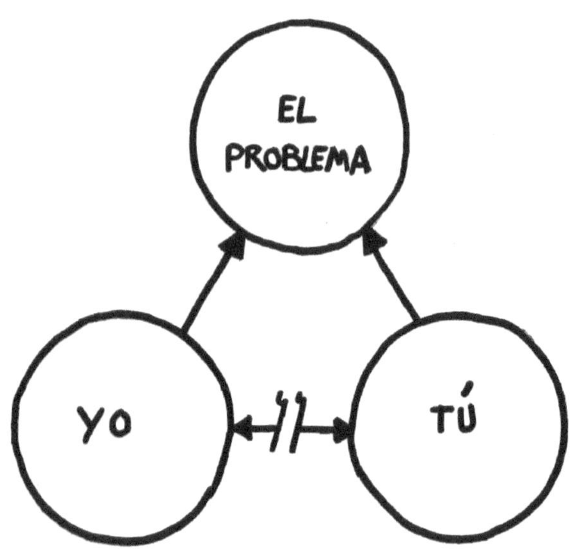

- Para solucionar un problema donde hay más de una persona involucrada, utiliza este diagrama.
- Coloca cada elemento donde le corresponde estar y así solucionarás cualquier conflicto con facilidad.

El esquema consiste en tres círculos interrelacionados. Cada círculo representa un elemento que existe en todas las situaciones de conflicto: tú, las personas externas y el problema.

El problema tiene conexión directa con las personas afectadas. Esto significa que hay que evitar culpar al otro y considerar el problema como algo externo que hay que solucionar.

La línea horizontal entre los círculos inferiores es el trato que se dan los dos participantes del problema. Está cortada porque, para solucionar el problema, no deben culparse unos a otros, sino dirigirse ambas partes hacia el problema.

PONLO EN PRÁCTICA

Cuando exista un problema y la situación se ponga difícil y tensa porque intervienen sentimientos personales, ten en cuenta el diagrama.

Refiérete al problema como *eso* o con otro concepto ajeno a vosotros.

Cuando habléis sobre el problema, utiliza *nosotros* en lugar de *yo* o *tú*.

CÍRCULO DE LA INFLUENCIA DE COVEY (39)

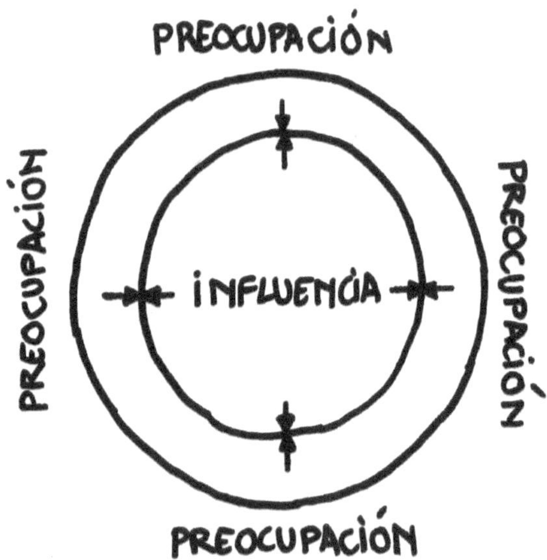

- El modelo consiste en dos círculos que definen cómo se interrelacionan nuestras preocupaciones con nuestra influencia.
- Los círculos sirven para disminuir nuestras preocupaciones y centrarnos en las cosas importantes.

El círculo exterior es el de la preocupación. Todo el mundo tiene preocupaciones, pero la clave es asumir que muchas de ellas están fuera de nuestra influencia.

El círculo de influencia es más pequeño. Incluye las cosas sobre las que podemos hacer algo al respecto porque están dentro de nuestro alcance.

El secreto es enfocar la energía hacia aquello sobre lo que sí puedes influir para solucionarlo. A medida que mejores y trabajes en ello, tu círculo de influencia aumentará y se reducirá el de las preocupaciones. Esto solo se consigue siendo una persona proactiva.

Sin embargo, si te centras en las preocupaciones a las que no tienes alcance, tu círculo de influencia irá reduciéndose, lo que aumentará el círculo de las preocupaciones. Este es el resultado de una persona pasiva.

PONLO EN PRÁCTICA

Imagina el diagrama cuando tengas un contratiempo.

Analiza esa inquietud:

- ¿Está dentro del círculo de tu influencia o del círculo de las preocupaciones?

Actúa según su localización; si está dentro de tu alcance, soluciónalo como puedas.

Si está en la zona de preocupaciones, olvídalo, no puedes hacer nada; déjalo fluir.

DIAGRAMA DEL MIEDO (40)

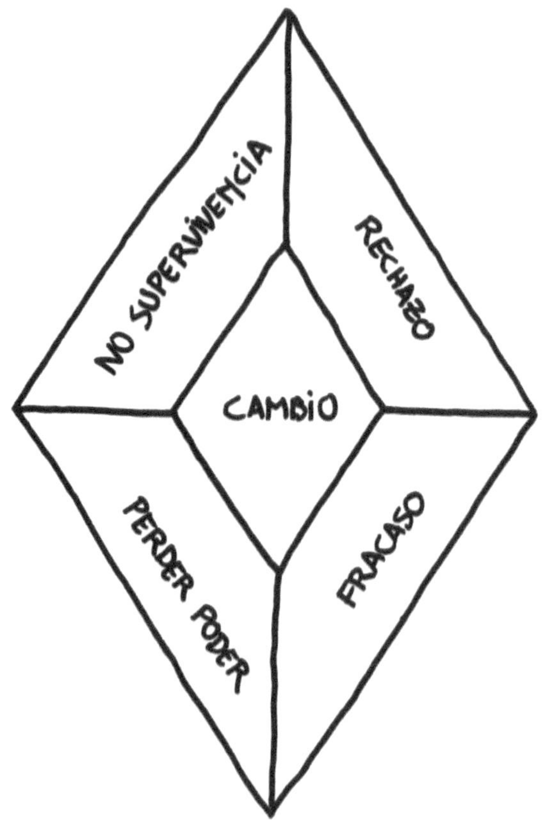

- El dibujo muestra los cinco miedos que te afectan en el trabajo y que pueden frenarte para alcanzar el éxito profesional.

Miedo a la no supervivencia en caso de que el trabajo no permita tener las necesidades básicas para vivir.

Miedo al rechazo por no ser aceptado o por exponerse al mundo. Esto crea barreras como no expresar la opinión propia y estar siguiendo constantemente la de la mayoría.

Miedo al fracaso por no querer asumir errores o por buscar reconocimiento, lo que puede hacer que no quieras tomar decisiones para así no arriesgarte a equivocarte.

Miedo a la pérdida de poder por dejar un puesto influyente. También se atribuye al miedo de dejar de trabajar con gente de alto perfil profesional.

El miedo al cambio engloba todos los anteriores. Un cambio supone nuevas ideas y un terreno desconocido.

PONLO EN PRÁCTICA

La primera regla de este diagrama es que es normal tener y sentir miedo.

No hay que evitarlo.

Dibuja el mismo diagrama vacío y rellena los espacios con ejemplos de miedos que hayas sentido.

Subraya los que más te hayan frenado para mejorar.

Plantéate todo lo que puedes conseguir afrontando esos miedos.

GRÁFICO

El gráfico lineal se utiliza para mostrar información dentro de un intervalo. Este tipo de diagrama tiene dos ejes que delimitan un cuadrante. Los ejes muestran dos informaciones distintas pero interrelacionadas. Normalmente, el eje vertical tiene un valor cuantitativo (A-Z), mientras que el eje horizontal representa una secuencia (1-∞).

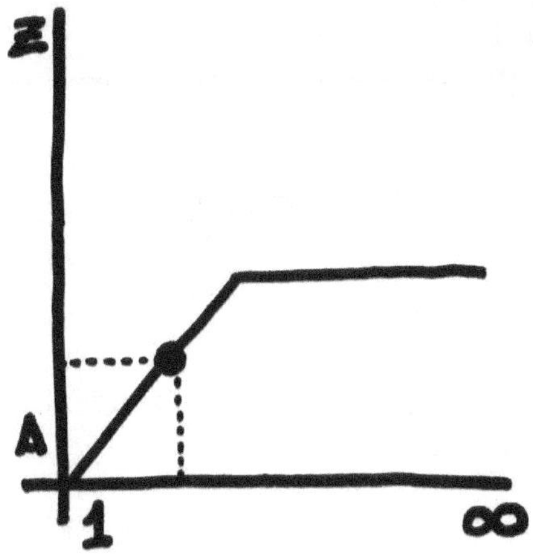

LA LEY DE YERKES-DODSON (41)

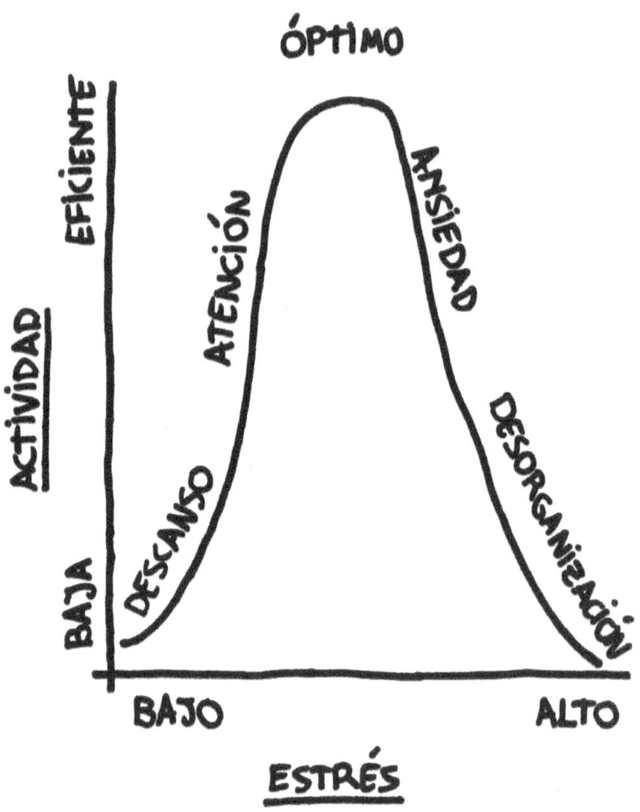

- Este diagrama muestra el rendimiento humano ante una actividad.

Una actividad puede ser muy interesante o insustancial. Si te atrae muy poco, el resultado de tu trabajo será bastante bajo y pobre.

A medida que aumentan la excitación y el interés (estrés), el rendimiento (actividad) también aumenta, hasta un punto máximo.

A partir de este punto máximo, cuanto más aumente la exaltación (estrés), más disminuye el rendimiento (actividad).

Esto ocurre con todas las actividades. Imagina que te ofrecen una gran suma de dinero por hacer algo que se te da muy bien. Al crear un factor extra de estrés (dinero), tu actividad se reducirá, por lo que se moverá a la derecha del gráfico. La posible recompensa es un factor importante para tu mente, por lo que aumentará la probabilidad de que cometas un error.

En definitiva, es necesaria una cierta y limitada cantidad de ansiedad para realizar una tarea de manera óptima.

PONLO EN PRÁCTICA

Busca maneras de aumentar tu nivel de activación justo hasta el punto en que se maximice tu rendimiento.

En cada etapa de actividad sitúate mentalmente en un punto del gráfico. Sitúate varias veces cambiando estrategias hasta que sientas que estás en el punto medio del estrés y el máximo de rendimiento.

EL GRÁFICO DUNNING-KRUGER (42)

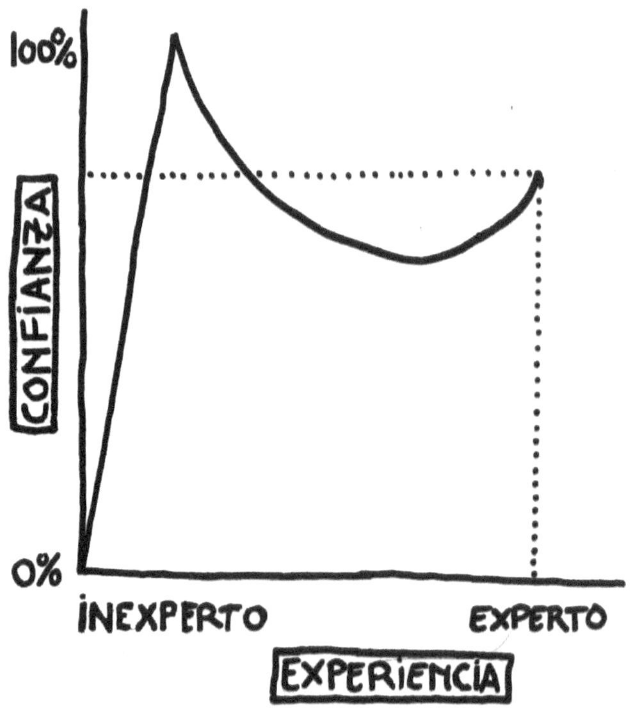

- Las personas con pocas capacidades tienden a sobrestimar sus habilidades, incluso por encima de las de los demás.

Al empezar una actividad que se desconoce, se ignoran todos los errores que puede llegar a haber. Por este motivo, la confianza es máxima, ya que se ignora todo aquello que puede ir mal.

Cuando la experiencia va aumentando, se entra en un periodo de realismo donde uno va dándose cuenta de la realidad y de lo que de verdad sabe. Por ello, la confianza disminuye.

A medida que se adquiere más y más experiencia, la confianza empieza a aumentar, lo que crea a un profesional competente y con seguridad.

PONLO EN PRÁCTICA

Puedes utilizarlo para ti mismo o con otra persona.

Si lo utilizas contigo, ten en cuenta, cuando inicies una actividad, que puedes sufrir el efecto del gráfico. De esta manera podrás analizar tu alrededor y esto te permitirá tener una perspectiva más real de lo que sabes.

Por otro lado, si estas analizando a otros compañeros, considera que muchos de ellos pueden estar bajo el efecto del gráfico. Cuando detectes estos casos, revisa sus tareas y trabajos, ya que pueden estar sufriendo un exceso de confianza.

GRÁFICO DE FLUJO (43)

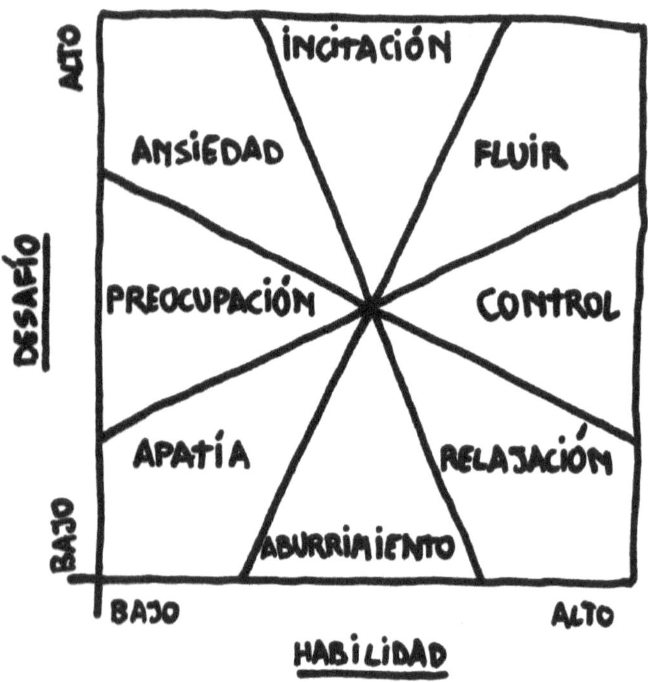

- Este gráfico compara todas las posibilidades de habilidades y desafío.
- El área de flujo es donde optimizarás todas tus capacidades.

El objetivo es alcanzar el área de flujo (parte superior derecha), donde hacer una tarea se convierte en un reto. La zona de flujo ofrece una sensación de desafío y motivación. Estas características brindan energía y motivación a quien realiza la tarea.

Las áreas alejadas de «Fluir» ocurren cuando existe un desajuste entre habilidad (alta o baja) y desafío (alto o bajo).

Cuantas más actividades donde puedas fluir realices, más disfrutarás y tendrás una vida más plena.

PONLO EN PRÁCTICA

Crea tu propio gráfico y rellénalo de ejemplos.

¿Qué tipo de experiencias te provocan apatía o aburrimiento?

¿Qué tipo de experiencias te provocan preocupación o ansiedad?

¿Qué experiencias pueden conducirte hacia el área de fluir y cómo debes hacerlo (mejorar habilidades, aumentar el desafío…)?

GRÁFICO DE LA DIFICULTAD Y EL TIEMPO (44)

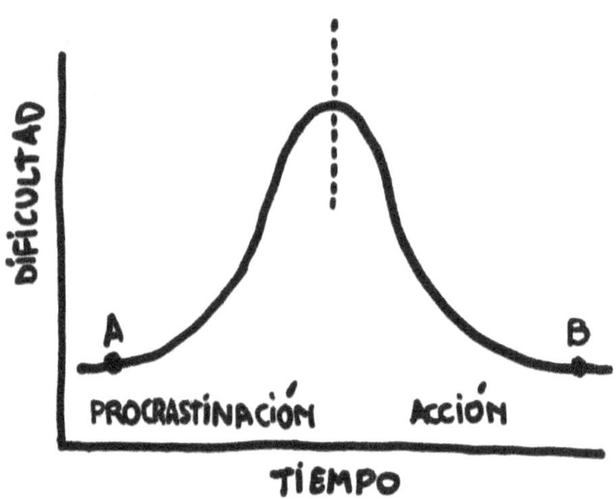

- El gráfico muestra los altibajos de un proceso de entrega desde el inicio hasta el final.
- La mente sufre más o menos dificultad dependiendo de la etapa del proceso en la que se encuentre.

Imagina que la fecha de entrega de un proyecto es mañana y no tienes nada preparado (A). Has tenido semanas para empezar a preparar la información; sin embargo, no has aprovechado el tiempo.

Todo ese periodo de tiempo ha sido de procrastinación, por lo que la dificultad para iniciar las tareas ha ido aumentando, lo que ha hecho que cada vez te cueste más y más empezar.

A medida que pasa el tiempo, la dificultad llega a su punto máximo. No lo haces porque no lo empiezas. En este momento, el dolor se intensifica y se cruza la *línea de acción*.

Al cruzar esta línea, es cuando uno decide ponerse manos a la obra. La dificultad se reduce a medida que el tiempo avanza.

La lectura del gráfico demuestra que la dificultad no reside en hacer el trabajo, sino en empezarlo. Con constancia diaria para hacer el trabajo, la ansiedad se reducirá, ya que se está trabajando por la entrega.

PONLO EN PRÁCTICA

Adelántate y evita la ansiedad y el estrés que provoca la procrastinación. La mejor manera de hacerlo es tener un inicio de actividad que sea lo más fácil posible.

Busca maneras de recompensarte cada diez minutos que hayas invertido en el proyecto.

La motivación y el resultado aparecerán cuando empieces a trabajar con constancia. Recuerda que la dificultad no es el trabajo, sino empezarlo.

CARGA DE TRABAJO (45)

- Este gráfico muestra la relación entre rendimiento y carga de trabajo.
- Controla la carga de trabajo que tienes y optimizarás tu rendimiento.

Si tienes poco trabajo y solo haces tareas simples, tu motivación se verá afectada. El motivo es que te aburrirás cada vez más, ya que estas tareas no te ofrecen ningún tipo de aliciente.

Por otro lado, una carga excesiva de trabajo te ocasionará estrés. La presión hará que cometas errores. En este caso, tu rendimiento descenderá tanto como en el caso anterior.

El secreto para alcanzar el máximo rendimiento es estar en la zona óptima. En esta área, se trabaja con la cantidad y calidad ideal de tareas. En este momento, la creatividad y energía estarán en los niveles más altos, sin superar un estado de calma y disfrute. Por este motivo tu rendimiento estará al máximo.

PONLO EN PRÁCTICA

Analiza la carga de trabajo respondiendo a las siguientes preguntas:

– ¿Necesitan tus tareas de toda tu atención?

– ¿Son mucha responsabilidad?

– ¿Tienes plazos de entrega inviables?

Sitúate en la línea horizontal del grafico según tus respuestas y traza una línea vertical hacia arriba.

El punto de intersección de la línea vertical con el semicírculo será el de tu rendimiento.

Tu objetivo ha de ser estar en el centro del gráfico.

Adapta las tareas para estar en esa zona y así tener un máximo rendimiento.

MUCHAS GRACIAS por tomarte el tiempo de leer este libro.

Finalmente... me gustaría pedirte que te tomaras un par de minutos para dejar una pequeña reseña en AMAZON.

¿Por qué te estoy pidiendo esto? Si te ha gustado y, sobre todo, si el libro te ha sido de utilidad, contribuirás a darle más visibilidad y que más gente pueda beneficiarse de estas ideas.

Pero también te animo a que escribas si tienes alguna crítica para mejorar el libro. Y poder perfeccionar el contenido para que sea más beneficioso para todos.

REFERENCIAS

REFERENCIAS

INTRODUCCIÓN

Mizuno, S. (1988). *Gestión de la mejora de la calidad: las siete nuevas herramientas de control de calidad*. Taylor & Francis.

A. (2018). *Concepto de Dibujo. Equipo de Redacción de Concepto* [en línea]. Disponible en https://concepto.de/dibujo/

Significados (2018). *Plano cartesiano* [en línea]. Disponible en https://www.significados.com/plano-cartesiano/

01 ANÁLISIS DAFO/FODA

Humphrey, A. (2005). «SWOT Analysis for Management Consulting». SRI International. SRI *Alumni Newsletter*.

02 LA CAJA DE EISENHOWER

McKay; Brett; Kate (2013). *The Eisenhower Decision Matrix: How to Distinguish Between Urgent and Important Tasks and Make Real Progress in Your Life* [en línea]. Disponible en https://www.artofmanliness.com/articles/eisenhower-decision-matrix/

03 SÍMBOLOS DEL COMPORTAMIENTO HUMANO

Carlo M. C. (2011). *The Basic Laws of Human Stupidity*. Il Mulino.

04 LA MATRIZ HOW-NOW-WOW (06)

Ramón V.; Byttebier, I.; Godelieve, S. (2009). *Creativity Today*. BIS Publishers.

Principalmente, puede utilizarse en grupo a modo de juego práctico. Para ello, haz una larga lista de ideas. Dales a cada uno de los participantes nueve pegatinas de colores, tres amarillas (cómo), tres azules (ya) y tres verdes (wow).

Una vez terminada la lista de ideas, pide a cada participante que vote por las mejores ideas de cada categoría. Para hacerlo tienen

REFERENCIAS

que pegar las nueve pegatinas en las ideas que consideren según el significado de cada color. Al terminar el juego seleccionad las ideas más votadas en verde y azul para empezar a trabajar.

05 TIPOS DE ERRORES

Briceño, E. (2015). Kqed.org. Disponible en https://www.kqed.org/mindshift/42874/why-understanding-these-four-types-of-mistakes-can-help-us-learn

06 LA VENTANA DE JOHARI (33)

Jump, J.; Ingham, H. (1955). *The Johari window, a graphic model of interpersonal awareness. Proceedings of the western training laboratory in group development*. United States.

07 ASUMIR UNA TAREA

Ver https://alexhernandezcreative.jimdo.com/2016/03/12/blog-conjuntos/

08 TRIÁNGULOS MENTALES

Therapistaid (2015). Disponible en https://www.therapistaid.com/therapy-worksheet/wise-mind

09 IKIGAI

García, H.; Miralles, F. (2017). *The Japanese Secret to a Long and Happy Life*. United Kingdom: Penguin Random House.

10 CUADRADO PASIVO-AGRESIVO

Randy, J. P. (2000). *The Assertiveness Workbook: How to Express Your Ideas and Stand Up for Yourself at Work and in Relationships*. New Harbinger Publications.

11 DIAGRAMA DE LA COMUNICACIÓN

Maximum Advantage (2016). Disponible en http://www.maximumadvantage.com/communication-skills/

12 TOMA DE DECISIONES

Campos. P (2018). *Toma de decisiones* [en línea]. Disponible en https://lavidaminimal.com/

13 LA TOLERANCIA

Seller, E. (2015). *La tolerancia* [en línea]. Disponible enwww.cinismoilustrado.com

14 PANEL DE CRECIMIENTO

Duncan, K. (2013). *The Diagrams Book: 50 Ways to Solve Any Problem Visually*. United Kingdom: LID Publishing.

15 LAS CUATRO MOTIVACIONES

Bacete, F. J. G.; Betoret, F. D. (2000). «Motivación, aprendizaje y rendimiento escolar». *Revista Española de Motivación y Emoción*, 1, 55-65.

Frenzel, A. C.; Pekrun, R.; Goetz, T. (2007). «Ambiente de aprendizaje percibido y experiencias emocionales de los estudiantes: un análisis multinivel de las aulas de matemáticas». *Aprendizaje e Instrucción*, 17, 478-493.

Krapp, A. (2005). «Las necesidades básicas y el desarrollo del interés y las orientaciones motivacionales intrínsecas». *Aprendizaje e Instrucción*, 15, 381-395.

16 MAPA DE PRODUCTIVIDAD

Roua, D. (2009). Dragosroua.com. Disponible en http://www.dragosroua.com/the-productivity-map/#.W4mR-OhKjIU

17 PLANO DISC

REFERENCIAS

Jericó. P (2016). *El País*. Disponible en https://elpais.com/elpais/2016/12/04/laboratorio_de_felicidad/ 1480880162_537433.html

18 TRIÁNGULO DE HIERRO

Andy, O. (2009). *Data Modeling: A Beginner's Guide by Oppel*. McGraw-Hill.

Ralph, L. *et al.* (1997). *Project Management Methodology: A Practical Guide for the Next Millennium: A Practical Guide for the Next Millennium*. New York: CRC Press.

19 TRIÁNGULO DE LA MOTIVACIÓN PROFESIONAL

Duncan, K. (2013). *The Diagrams Book: 50 Ways to Solve Any Problem Visually*. United Kingdom: LID Publishing.

20 EL TRIÁNGULO COGNITIVO

Dee, W. (2017). Healthyliving.com. Disponible en https://healthyliving.azcentral.com/how-to-use-the-cognitive-triangle-to-identify-irrational-thinking-12472647.html

21 REGLA DE 10 10 10

Welch's, S. (2009). *10-10-10 Rule*. Simon & Schuster.

22 EL BORDE DEL CAMBIO

Dulle, K. (2018). thethinkingcanvas.com. *Edge of change* [en línea]. Disponible en https://thethinkingcanvas.com/2015/09/15/the-edge-of-change/

23 BAMBÚ

American Psicological Association (2018). APA. Disponible en http://www.apa.org/centrodeapoyo/resiliencia-camino.aspx

24 TRES EN RAYA

Sturm, M. (2015). Medium. Disponible en https://medium.com/personal-growth/how-to-truly-think-outside-the-box-fee0ea11777f

25 EL VASO

Maartens, A. (2012). Pitaiyo.com. Disponible en http://www.pitaiyo.com/technically-the-glass-is-always-full-and-a-little-heavy/

26 LÍNEA DE ENTREGA

Duncan, K. (2013) *The Diagrams Book: 50 Ways to Solve Any Problem Visually.* United Kingdom: LID Publishing.

27 PIRÁMIDE DEL EGO

Misterinfinite (2014). Misterinfinite. Disponible en http://misterinfinite.com/2014/07/06/improve-presence-of-mind/

28 LOCUS DE CONTROL

Wengrzyn, R. (2017). Study.com. Disponible en https://study.com/academy/lesson/locus-of-control-definition-and-examples-of-internal-and-external.html

Tartakovsky, M. S. (2016). Psychcentra.com. Disponible en https://psychcentral.com/blog/cultivating-an-internal-locus-of-control-and-why-its-crucial/

29 ECUACIÓN ABC

Beck, J. S. (2011). *Cognitive behavior therapy: Basics and beyond.* New York: The Guilford Press.

It's Just an Event (2015). Disponible en http://www.itsjustanevent.com/Tool3.html

30 CUBO Y ESFERA

REFERENCIAS

Francia, B. (2013). Benfrancia.com. Disponible en http://www.benfrancia.com/bits-of-inspiration/dont-work-hard-work-intelligently/

31 CÍRCULO DE POSESIONES

Campos, P. (2018). *La vida minimal* [en línea]. Disponible en https://lavidaminimal.com/2016/09/18/como-ser-feliz-con-menos/

32 LA PERSPECTIVA

Campos, P. (2018). *La vida minimal* [en línea]. Disponible en https://lavidaminimal.com/2016/09/18/como-ser-feliz-con-menos/

Rocheleau (2015). Imgur Galery. *Thinks not simple* [en línea]. Disponible en https://imgur.com/gallery/1zZ6VSe No

33 CICLO DE LA MEJORA CONTINUA

Cope, J. (2017). Buildaga. Disponible en https://buildaga.com/accelerating-personal-and-company-growth/

34 BALANCE TRIANGULAR

Yusalife (2013). *The YUSA Guide To Balance: Mind Body Spirit*. Yusa Ed.

35 ÁREA DE POTENCIAL

Performance consultants (2017). *Coaching for performance. Level 1* [en línea]. Performance Consultant International. Disponible en https://www.performanceconsultants.com/the-purpose-of-coaching

36 MAPA DE EMPATÍA

Gray, D.; Brown, S.; Macanufo, J. (2010). *Gamestorming. A playbook for innovators, rulebreakers and changemakers.* Sebastopol: O'Reilly Media.

37 LÍNEA SUEÑOS Y METAS

Peter G. (2016). Informationanthology.net. Disponible en http://informationanthology.net/CareerMentor/Dreams-vs-Goals.html

SMART es un acrónimo, que guía para establecer objetivos.

Specific: Específico - Seleccionar una área específica de mejora.

Measurable: Medible: Cuantificar como calcular la progresión.

Achievable: Alcanzable: Hasta qué punto es viable la meta.

Relevant: Viabilidad: Indicar qué resultados se pueden alcanzar de manera realista, dados los recursos disponibles.

Time: Tiempo: Especificar cuándo se pueden lograr los resultados.

38 ESFERA DEL PROBLEMA

Duncan, K. (2013). *The Diagrams Book: 50 Ways to Solve Any Problem Visually.* United Kingdom: LID Publishing.

39 CÍRCULO DE LA INFLUENCIA

Gandel, S. (1989). *7 Habits of Highly Effective People.* Simon and Schuster.

40 DIAGRAMA DEL MIEDO

Jericó, P. (2007). *No miedo: en la empresa y en la vida.* Alienta Editorial.

41 LA LEY DE YERKES-DODSON

Yerkes, R. M.; Dodson, J. D. (1908). «The relation of strength of stimulus to rapidity of habit-formation». *Journal of Comparative Neurology and Psychology*, 18: 459-482.

42 EL GRÁFICO DUNNING-KRUGER

Kruger, J.; Dunning, D. (1999). «Unskilled and unaware of It: how difficulties in recognizing one's own incompetence lead to inflated self-assessments». *Journal of Personality and Social Psychology*, 77(6): 1121-34.

43 GRÁFICO PARA FLUIR

Csikszentmihalyi, M. (2008). *Flow: The Psychology of Optimal Experience*. Harper Perennial Modern Classics.

44 GRÁFICO DE LA DIFICULTAD Y EL TIEMPO

Clear, J. (2017). Jamesclear.com. Disponible en https://jamesclear.com/procrastination

45 CARGA DE TRABAJO

Tuitui442 (2014). Schantachote. *Cognition and Info Processing* [en línea]. Disponible en https://schantachote.wordpress.com/2014/10/30/week-11-24-10-14-mental-workload/

REFERENCIAS

www.ingramcontent.com/pod-product-compliance
Lightning Source LLC
Chambersburg PA
CBHW031128250726
48655CB00002B/568